东北黑土区农业可持续发展研究

陈晓君

蔡　壮　◎ **著**

洪　非

湖南师范大学出版社

图书在版编目（CIP）数据

东北黑土区农业可持续发展研究／陈晓君，蔡壮，洪非著. —长沙：湖南师范大学出版社，2019.12

ISBN 978-7-5648-3535-4

Ⅰ.①东… Ⅱ.①陈… ②蔡… ③洪… Ⅲ.①黑土—农业可持续发展—研究—东北地区 Ⅳ.①F327.3

中国版本图书馆 CIP 数据核字（2019）第 081894 号

东北黑土区农业可持续发展研究

Dongbei Heituqu Nongye Kechixu Fazhan Yanjiu

陈晓君　蔡　壮　洪　非　著

◇组稿编辑：李　阳
◇责任编辑：李健宁　江洪波
◇责任校对：蒋旭东　李碧涵
◇出版发行：湖南师范大学出版社
　　　　　　地址/长沙市岳麓山　邮编/410081
　　　　　　电话/0731-88873071　88873070　传真/0731-88872636
　　　　　　网址/http://press.hunnu.edu.cn
◇经销：新华书店
◇印刷：湖南雅嘉彩色印刷有限公司
◇开本：710mm×1000mm　1/16
◇印张：12
◇字数：250 千字
◇版次：2019 年 12 月第 1 版
◇印次：2019 年 12 月第 1 次印刷
◇书号：ISBN 978-7-5648-3535-4
◇定价：58.00 元

凡购本书，如有缺页、倒页、脱页，由本社发行部调换。

本社购书热线：0731-88872256　88872636

投稿热线：0731-88872256　13975805626　QQ：1349748847

目 录

绪　论

一、研究背景及意义

走可持续发展之路是我国农业和农村经济发展的战略抉择，也是解决我国"三农"问题的根本途径。可持续发展农业作为我国可持续发展战略的基本组成部分已经被纳入《中国 21 世纪议程》，作为一种全新的模式和准则，中国农业和农村可持续发展（SARD）问题已经引起国内农学、经济学和地理学研究者的广泛关注。因而，作为当前农业经济的主旋律，农业的可持续发展对东北黑土区等粮食主产区显得越发重要。

东北黑土区位于中国松辽流域和三江平原，主要分布在黑龙江、吉林、辽宁和内蒙古自治区境内，是中国重要的玉米、粳稻等商品粮供应地，粮食商品量、调出量均居全国首位[①]。而与东北黑土区农业生产重要地位形成鲜明对比的是从事农业经济研究的专家学者们对东北黑土区农业经济理论研究的忽视。如何将东方传统的技术精华与现代科技有机结合在一起，走出一条有东北黑土区特色的农业可持续发展之路，摆脱只侧重于土地耕作方式的传统研究模式，在理论研究上具有重大意义。打破以往"就农业发展论农业发展"和"就水土流失论水土流失"的研究思路，针对东北黑土区水土流失的严峻形势展开经济学分析，从农业内部和农业外部制定农业可持续发展的对策系统，切实促进农业的持续发展，这种在经济学视角下的关联分析将

[①]　由于数据的可获得性，本书关于东北黑土的具体数据多为近似数据，多以黑龙江、吉林两省数据或者东北三省的数据来替代。

是东北黑土区农业经济理论研究的创新尝试。

东北黑土区素有"北大仓"之称，是我国粮食安全的"稳压器"。而近年来，该地水土流失程度加重，土壤肥力大幅度下降，农业生产形势严峻，普遍存在着人均农业资源占有率和利用率低，劳动生产率低，粮食生产科技水平低，减灾、防灾、抗灾能力低的"四低"现象。针对黑土区农业生产的严峻形势，展开关于黑土区水土保持和农业可持续发展模式的探讨，寻找一种有效的农业发展模式，使黑土区农业经济的发展跟上经济国际化的脚步，对于黑土区区域经济发展而言有着重要而深远的实践意义。

"经济增长"并不是"发展"的全部，经济学意义上的发展应为系统函数而非线性函数。这就促使理论界不得不反思，继绿色革命之后什么样的农业生产体系才能在农业生产力水平不断提高、农民纯收入不断增长的同时减少农业生产对环境的影响。各种替代传统农业生产方式的尝试方法相继被提出，如生态农业、生物农业、白色农业、高效持续农业等，从而拓宽了现代农业经济学的研究领域，并且从理论、观念上的争论开始转向新技术体系的探索，这是农业经济学发展的一个突破。

党的十六大报告早在 2002 年就曾提出，支持东北地区等老工业基地加快调整和改造，支持以资源开采为主的城市和地区发展接续产业。这是党中央在我国进入现代化建设新的发展阶段做出的重大战略决策和部署。由于产业联动机制的存在，农业与工业从来都是相辅相成的关系，结合东北黑土区的水土保持工作，对黑土区农业可持续发展模式的探讨，不仅对东北地区农业经济发展有着重要意义，对整个东北地区区域经济的发展，乃至整个国民经济的协调发展都有重要意义。

二、国内外研究动态

（一）可持续发展问题的提出

在漫长的前工业文明进程中，由于征服自然和改造自然的能力有限，人们逐渐地认识到人与自然和谐共生的重要。因此，无论是在中国还是在外国，都可以找到可持续发展的思想。伴随着经济的繁荣，人类开始面临环境污染、土地退化、生态破坏、疾病蔓延、资源匮乏、生物多样性锐减、全球气候恶化、自然灾害频繁等社会环境问题。这些问题促使人们不断地去反思环境恶化的原因。此时，现代可持续发展的思想开始孕育。1962 年美国海洋生态学家雷切尔·卡尔逊（R. Carson，1962）所著的《寂静的春天》一书问世，该书揭露了美国农业、商业为追逐利润而滥用农药的事实，对美国滥用杀虫剂造成对生物及人体的危害情况进行了抨击，警示人们要善待环境。1972 年罗马俱乐部发表了《增长的极限》（丹尼斯·米都斯，1997），该报告认为地球上蕴藏的资源都是有限的，人类社会的经济增长面临着不能超越的极限，经济和人口必须在限定的期限内实现"零增长"，以达到"全球均衡状态"，否则即将面临不可避免的崩溃。由此引发了人们对危及人类未来可持续发展的一系列全球性问题进行深刻思考。1972 年在瑞典首都斯德哥尔摩召开的联合国第一次人类环境会议正式提出了可持续发展概念，并提供了重要的背景材料《只有一个地球》，这也是联合国第一次人类环境会议的理论基础。1992 年巴西的里约热内卢举行了联合国环境与发展大会，参会的专家学者对可持续发展问题进行了重点关注。1987 年联合国世界环境与发展大会发表了《我们共同的未来》的报告，把可持续发展定义为："既满足当代人的需要，又不对后代人满足其需要的能力构成危害的发展。"《里约宣言》进一步将其阐释为"人类应享有以与自然和谐的方式过健康而富有生产成果的生活的权利，并公平地满足今世后代在发展与环境方面的需要"。这里虽然没有进一步给出可持续发展的定义，但是否定了以往人类无限制向自然索取的发展方式。其意义在于，它将自然与人类的关系问题引入到发展问题之中，把环境与发展作为一个有机整体，从而超越了以前纯粹从人与人关系（社会）的角度所看待的发展。

（二）农业可持续发展的内涵

到目前为止，什么是农业可持续发展还没有一个权威的说法。1983 年瑞达尔从生态学角度定义了可持续农业，认为可持续农业是一种再生农业，是一系列促进环境良性循环的农业经营实践过程。1984 年哥尔丹·道格拉斯对农业的持续性提出了三个层面上的涵义，即可持续农业是环境重要性、食物充足性和社会公平性的有机结合。1988 年，联合国粮农组织（FAO）理事会通过了对农业可持续发展的定义，即"可持续农业是使用和保护自然资源的基础方式，包括实行技术变革和机制性变革，以确保当代人类及其后代对农产品的需求能得到满足。这种可持续的发展能够保护土地、水资源和动植物遗传资源，并且不会导致环境退化，在技术使用上要实用，经济上要可行，而且能被社会所接受。"1991 年 4 月，在荷兰召开的"农业与环境国际会议"发表了《登博斯宣言》，提出了"可持续农业与农村发展"的概念：管理和保护自然资源，实行技术变革和体制改革，以保证当代和今后人类的需要不断得到满足。这种可持续的发展应使土地、水和动植物基因得到保护，它是一条无环境退化、技术上适宜、经济上可行、能为社会接受的发展道路。该定义不仅包括可持续的生态学方面，同时对经济和社会问题也给予了充分考虑，因而已得到大多数学者的认可。

20 世纪 70 年代以来，国内的学者们根据世界农业可持续发展的大趋势，结合中国国情，开创了中国农业可持续发展研究的新领域，对农业可持续发展的意义、现状、问题、目标模式、运行机制等进行了大量有益的探讨，取得了很好的进展，并在国际上占有一席之地。1993 年中国在北京成功举办了"国际持续农业与农村发展研讨会"，并提出中国将走"现代集约持续农业"之路，受到国际学术界的关注。1994 年中国作为世界上第一个发展中国家率先制订发布了《中国 21 世纪议程——中国 21 世纪人口、环境与发展白皮书》，把可持续农业确立为优先发展领域，并要求将其纳入有关国民经济和社会发展"九五"计划和 2010 年远景目标规划。

国内理论界对农业可持续发展理论给予了大量关注。牛文元从三维结构复合系统和环境承载力论、环境价值论与协调发展论等方面论述了可持续发展概念。卢良恕院士 1993 年提出了"具有中国特色的社会主义现代化农业的核心是科学化，特征是商品化，方向是集约化"的观点。1995 年他又提出，我国农业走出困境的唯一选择就是运用高新技术改造传统农业，创建跨世纪的新型农业——"三色农业"（即绿色、白色、蓝色），发展我国现代集约持续农业。之后，他又提出应进行一场以保护农业自然资源和环境为基础，以建立现代农业可持续发展支撑体系为目标的"新的农业科技革命"。科学技术部农村与社会发展司的李文华认为，农业可持续发展的总目标是实现农村经济效益、社会效益和生态效益统一的高效持续发展，而且要用系统的观点和生态经济学原理来指导农业生产和农村发展，充分利用整体、协调、循环、再生和增殖的原理进行系统调控，把提高系统的自我维持能力与合理投入结合起来，提高土地综合生产能力和抗逆能力，实现农业和农村的持续发展。刘思华（2002）从经济可持续发展的制度、科技、生态和人力资源四个方面提出了创新思路，为实现我国经济可持续发展提出了新的建议。另外，许多学者对农业可持续发展进行了针对性的研究，戴星翼的《走向绿色的发展》、甘师俊的《可持续发展——跨世纪的抉择》、余谋昌的《创造美好的生态环境》、陈文林的《跨世纪农业发展战略》及中国农学会的《中国农业可持续发展研究》等研究成果的取得，为深入探讨我国农业可持续发展奠定了理论基础。

（三）农业可持续发展的模式

对于农业可持续发展的模式，国外诸多经济学家也进行了探讨。最初的研究主要侧重于对传统农业的改造，农业技术变革及体制创新等方面，譬如西奥多·舒尔茨、连水佑次郎和拉坦等。近年来，在围绕"可持续性"理论进行深入探讨的基础上，世界各国都在探索可持续农业的技术模式与体系，提出了低投入可持续农业、高效率可持续农业、降低购买性资源投入可持续农业、生物学派可持续农业、综合型可持续农业、环境保全型可持续农业、劳动集约型可持续农业、土地集约型可持续农业等多种观点。由于世界各国或地区资源禀赋不同，经济发展水平不同，以及社会制度、文化背景、宗教信仰、教育状况等差异，探索农业可持续发展的途径和方式也各不相同，各有其特点。在研究尺度上，史密斯（Smith）和麦克唐纳（McDonald）1998 年将可持续农业的研究尺度分为田块、农场、流域、区域和国家。较大范围的研究有阿尔提耶里（Altieri，1992）对拉美地区、乌维基瓦里茨（Uwe Kievalitz，1999）对喜马拉雅山区、艾利尔斯蒂恩（Eliel Steen，1999）对地中海地区的研究。国家层次的有约翰（John，1997）等对丹麦的研究。

国内学者对农业可持续发展模式的探讨较为深入，这类研究概括起来有以下几个方面。一是特定区域的农业可持续发展模式研究。可分为 3 种类型：（1）不同地貌类型的农业发展模式。如陈荣均等（1997）、牟子平等（1999）、刘德纶（1998）、邓培雁（2001）分别对平原、山地、京郊、喀斯特峡谷等不同地域类型的农业生态系统模式进行了研究；（2）省域或大的流域尺度的研究。如韩文健（1997）以海南资源优势和制约因素为依据，因地制宜，设计出独具特色的热带生态农业模式；（3）县域层次的研究。

如刘绍民（2001）根据资源、经济发展状况，将国内的县域农业可持续发展模式归结为"全面发展"模式、"主导产业发展"模式、"超常农业发展"模式三种类型。二是各种发展模式的分类和比较分析。如王贵衰（1992）从产业结构、资金结构、所有制结构、市场结构、经济运行方式及其机制等方面来研究我国农村可持续发展模式，并将其分为城郊工业带动农村经济发展模式、外资开拓型农村经济发展模式、市场先导型农业可持续发展模式、县域经济协调型模式和组织启动型农业可持续发展模式等。蒋和平（2002）根据我国不同区域经济发展状况和生产力水平，从理论和实践上，总结了不同区域利用高新技术改造传统农业的六种运行模式，即农业高新技术走廊的运行模式——潍坊模式，院地联营型运行模式——唐河模式，高效农业示范园运行模式——许昌模式，外向型高科技农业园运行模式——珠海模式，工厂化农业开发区运行模式——孙桥模式，持续高效农业示范区型运行模式——张掖模式。崔和瑞（2004）基于循环经济理论对区域农业可持续发展模式进行了探讨。陈宝兰（2006）从农业生态可持续、农业经济可持续和农业社会可持续三个视角论述了现代集约可持续农业的发展模式。张凤太等（2012）论述了脆弱生态区的农业可持续发展模式。综上所述，目前农业可持续发展模式的研究多集中在对已有模式的分析、分类和总结上，而对现有农业发展模式未来的变化趋势、农业发展模式设计的理论和方法以及如何提高农业可持续发展模式的可操作性等方面的研究，还较为欠缺。周苏娅（2015）认为，依据现阶段国情，在科学厘清制约因素的基础上，合理规划战略内容和探寻动力机制，提出发挥农业产业集群优势，推进农业循环经济发展，创新涉农资金运行机制，构建新型农业经营体系，强化政府的服务性职能等路径，是实现我国农业可持续发展的指向性选择。杜松华等（2017）从可持续发展理念出发，结合社会影响、金字塔底层财富和适用技术理论，提出了"互联网＋生态农业"可持续发展模式的具体思路，并对"广东绿谷"河源国家级农业示范区灯塔盆地进行了实地考察与分析。

（四）农业可持续发展的评价指标

专家学者们对农业可持续发展的评价指标也做了大量的研究工作。1992年在里约热内卢召开的联合国环境与发展大会上所通过的《21世纪议程》，呼吁世界各国在强调可持续发展的过程中应该研究并建立可持续发展的指标体系。在上述背景下，联合国率先以"可持续发展委员会"（CSD）为核心，组织几乎所有的联合国机构，设立了"可持续发展指标体系"的大型研究项目（1995—2000 年），初步提出了可持续发展指标体系框架。另外，经合组织（OECD）、环境问题科学委员会（SCOPE）以及其他许多国际组织和国家均进行了相关研究，不过他们在多种有关指标体系、评价等方面的研究中，均采用了压力—状态—响应（PSR）框架或改进型框架，其存在的缺点就是不能很好地处理可持续性的多维问题，不适于需要信息范围较广的情况，但这一框架非常适合于面向问题，适合于确定造成环境影响的事件链。可持续农业和农村发展框架（Sustainable Agriculture and Rural Development，即 SARD）是目前较为公认的评价农业与农村发展可持续性的基本框架。英国、加拿大、巴西等国家也按照同一框架建立了各自的国家农业可持续发展指标体系。除此以外，还存在着众多其他类型框架，对农业可持续发展评价指标体系的构造具有一定的参考价值，例如社会福利核算框架、环境（自然资源）核算或绿色核算框架等。

　　我国自 20 世纪 80 年代中期开始的有关农业现代化水平评价指标体系的研究，可以算是关于农业可持续发展评价指标体系研究的先例，为中国农业现代化的研究以及农业可持续发展指标体系研究奠定了基础。此后，中国理论界开始着手进行农业可持续发展指标体系的理论研究与实践探索。北京大学的叶文虎、栾胜基的《论可持续发展的衡量与指标体系》一文研究了可持续发展概念、指标体系概念、建立原则以及框架建议，提出了全球、国家（或地区）可持续发展指标体系框架图。国家计委国土开发与地区经济研究所郝晓辉的《可持续发展指标体系初探》一文提出了可持续发展指标体系由社会、经济、资源和环境四大类指标组成，并提出了每类中的具体指标，共计有 59 个指标，另有非货币指标 12 个。中国科学院毛汉英研究员的《山东省可持续发展指标体系初步研究》一文将可持续发展指标体系分为经济增长、社会进步、资源环境支持、可持续发展能力四大部分，每一部分再分出指标类别，在指标类别下列出具体指标，共计 15 类 90 个指标。中国科学院生态环境中心提出可持续发展指标体系分为人类需求、资源利用、经济和社会 4 个方面，共计 60 项指标。国家农业部原农业资源区划管理司（1996）主持制定的农业可持续发展试验区建设效果综合评价指标体系，由经济、生态、社会和综合四大类指标共 21 个分指标构成，在此基础上，确定出各指标的权重，采用单项指标群达标、综合评分、综合指数和模糊评判等方法对 15 个实验区进行了实际评价。徐梦洁（1998）、刘惠（1997）等人的区域农业可持续发展评价指标体系的构造方式，是按照可持续发展的内容确定准则层，准则层下设立两级指标项目，以加权评分求和方式汇总出区域农业可持续发展水平综合得分。其他类型的可持续评价还有许多，如刘求实等（1997）从系统协调性和系统发展水平的角度提出了 8 个指标对区域可持续发展水平进行评价。王合生等（1997）基于经济发展、社会进步、资源环境支撑和持续发展能力 4 个方面共 14 个指标研究了中国发达地区可持续发展水平。赵跃龙等（1998）评价了生态环境脆弱度。胡聃（1997）基于 12 类指标对生态系统的可持续性进行了评价。徐勇（1998）基于资源的角度共 11 类指标研究了农业资源高效利用现状。褚保金（1999）采用面向对象的分析方法对农业系统进行分析，从农民、农产品、自然环境、经济、社会、生态、外部环境等七个方面设计了一个农业可持续发展的评价体系。赵莹雪（2002）依据可持续农业内涵及山区县域复合系统的特点，构建了山区县域农业可持续发展评价指标体系。宁哲、王兰、韩微（2009）构建了基于网络分析法的实证模型。模型综合考虑了粮食安全背景下影响农业可持续发展的各项指标之间的相互影响和依存关系。将定性和定量指标相结合，得到定量的结果，用来衡量其对农业可持续发展的影响大小。陈建西、何明章、刘学伟（2011）借鉴国内有关农业可持续发展的研究成果，结合四川地震灾区农业灾后重建的实际情况，运用文献研究法、德尔菲法，构建了四川地震灾区灾后重建农业可持续发展评价指标体系，采用访谈法、入户调研法，运用该指标体系对四川省彭州、安县、北川、汶川、茂县等灾区农业重建情况进行了实地调研，并根据调研结果对指标体系进行了修正。这些研究针对国家或区域可持续发展、资源可持续利用、生态脆弱区和生态系统的可持续性等提出了不同的可持续评价方法。虽然并没有直接对农业的可持续发展进行评价，但基本上都或多或少地涉及农业生产可持续性问题。辛岭、胡志全（2015）通过建立由经济社会发展、资源减量投入、资源循环利用和生态环境 4 个方面的 17 个指标组成的中国农业可持续发展评价指标体系，选用多指标综合模型法对中国 1991—2013 年农业可持续发展水平进行了评价与分析。结果表明，全国平均水平及东部、中部、西部 3 大区域农业可持续发展水平逐步上升，制约中国农业可持续发展的最主要因素是资源的减量化投入水平。中国农业可持续发展水平存在明显的区域差异，东部地区和中部地区高于西部地区。根据评价结果提出政府要为农业可持续发展提供一个良好的政策环境、提高资源减量化投入水平、在农业生产各个环节贯彻 4R 原则以实现农业可持续发展的最大效益等。从总体上看，在上世纪80 年代研究的基础上，我国学者对可持续发展指标体系研究已经从单一学科的探索逐步向社会、经济、自然等多层次、多学科的综合探索发展，监测评价的对象也从传统的环境监测与评价向社会、经济、自然综合体的监测与评价方面转化。

（五）农业技术和政策研究

农业技术和政策研究作为农业可持续发展研究的重要组成部分也是国内理论界关注的重点。梅方权（1994）总结和评价了我国过去 40 多年农业重大技术的发展阶段、技术模式、技术战略，并对将来 20 年农村技术的变化规模做了科学预测。郑有贵（1998）研究了农业科研投入政策、农业科技推广政策、农业技术路线政策等对农业技术创新和技术变迁的影响。邓楠等（2001）在《21 世纪中国农业科技发展战略》中，总结了种植业、畜牧业、水产业、林业、农用工业等 11 个行业领域各自的技术需求。这些研究主要从区域农业发展中存在的问题入手，得出需要的不同技术，并提出相应的对策。沈亨理（2000）根据不同地区的人均自然资源占有量和经济发展水平，将我国区域类型划分为四大类，并根据各地的资源效率和农业劳动生产率，提出了农业可持续发展的技术对策。祝华军、田志宏、魏勤芳（2003）分析了农业技术同土地、劳动力等生产要素的几种不同替代关系，指出我国政府近期需要支持发展的主要是能够提高土地产出率、产品质量和劳动力均衡利用率的工厂化农业技术。郑林（2004）从现代化的视角提出了农业技术创新体系三元结构理论，并用它分析了近代中国农业科技发展与社会政治、经济变迁之间的关系。重点探讨了近代中国社会政治、经济变迁所引发的农业技术需求对农业技术创新体系形成的影响。韩国明、安杨芳（2010）分析了贫困地区农业技术推广中存在的主要问题，探讨了农民合作社作为宣传与参与载体的作用机制，提出了农民合作社与政府共同进行农业技术推广的多元化新型模式。周丕娟（2011）认为，农业生态环境恶化、环境污染严重、资源利用率下降、生产成本增高等成为制约农业可持续发展的主要因素。解决这些问题的途径之一就是要加快推进农业科技进步，特别是要加快推进可持续农业技术的创新研究，健全农业产业体系，增强农业抗风险能力和农业可持续发展能力。徐嘉泓等（2016）认为，适用技术是一种从实际情况出发，把技术、经济、社会和环境目标整合起来进行技术选择的理论。农业应该在适用技术理论指导下转型升级、融合共生。

（六）生态农业建设的理论与实践

随着对农业可持续发展问题探讨的深入以及生态问题的恶化，人们在寻找替代农业模式的过程中，运用环境系统与社会经济系统协调发展的原理来分析、解决农业问题，在理论与实践上均有了一定的进展。生态农业被认为是较好的农业可持续发展模式之一，其主要倡导者是美国密苏里大学的土壤学家威廉·阿尔布雷希特（Willian Albrecht）。他认为通过增加土壤腐殖质，建立良好的土壤条件，就可以不用农药来防治病虫害。使用少量化肥对恢复土壤肥力和作物生长是有好处的，并不会对环境造成不良影响。他提出：生态农业是生态上自我维持的、低输入的，经济上有生命力的，目标在于环境方面或伦理方面以及审美方面不产生大的和长远的不可接受的变化的农业系统。目前国外对生态农业的提法主要有两种。一种提法认为生态农业的哲学思想前提是：自然秩序具有内在的和谐。这种自然秩序起着一个精心管理者的作用，作为一个农民应是自然的伙伴。农业活动影响土壤，经过生物金字塔，而最终达于人。生态农业是人们精心管理的集约农业，使其与自然秩序相和谐。另一种提法是：所谓生态农业是建立和管理一个生态上自我维持的、低输入的，经济上可行的小型农业系统，能在长期内不对其环境造成明显改变的情况下具有最大的生产力。虽然国外的学者们对生态农业的概念存在着不同的看法，但是内涵基本上是一致的。由于经济基础雄厚，资源丰富，较而言之，西方国家更关注环境质量问题。这也决定了西方国家关于生态农业的探索较偏重于环境保护，而农业效益问题次之。具体体现为：在生态农业产业化研究方面，西方国家更侧重于生态指标方面的研究，而对于经济效益结合生态研究的方法并不多见。史密斯（Smith）和多曼斯基（Dumanski）研究结果认为，在土地可持续利用方面，降低风险、保护自然资源、提高经济效益和社会认可度是关键因素。在技术方面，西方国家则侧重于针对农业生态系统特别是农田生态系统的稳定性、自我维持能力及持续性技术的微观研究，并不是把农业生产力放在首要位置。

我国虽然对生态农业研究的起步较晚，但农业大国的国情决定了我国关于生态农业的理论探索是比较丰富的，并在国际学术界产生了一定影响。20世纪80年代中期，孙鸿良（1986）等做了大量关于生态农业指标体系的研究工作，并建立了一套生态农业指标体系。我国著名生态学家马世俊（1987）把生态农业概括为"整体、协调、循环、再生"八个字。随之在我国掀起了一股农业生态系统研究热。到了90年代，以韩纯儒为代表的一些专家从理论上阐述了中国农业生态学的发展战略，并提出生态农业区划研究的软技术应用措施。张壬午（1992）则认为应推广县级生态农业的建设方法。罗永康（1997）认为，生态农业是一项庞大的系统工程，在实施过程中需强化政府的组织协调功能。王正斌、何爱平（2002）在分析西部农业灾害基本特征及传统农业致灾效应的基础上，从维护整个西部农业可持续发展的角度提出了建设生态农业的主要对策。李剑富、魏毅（2004）从政府和农民的缺憾行为研究出发，研究了县域生态农业建设中政府主导作用的发挥领域和内容，探讨了经济、社会、生态协调发展目标的实现问题。贺新春（2007）认为，推动生态农业的发展，除了要把握生态农业的基本含义、主要特点、建设模式外，还必须注重从生态伦理学的视角来挖掘生态农业的丰富内涵，分析生态农业的发展路径。林涛、梁贤（2009）认为，只有以生态经济学、循环经济学的原理为基础，利用动物、植物、微生物的相互依存关系，因地制宜地合理开发利用各种自然资源，从产业、区域、政策等层面进行农业产业生态链的设计，才能实现真正意义上的生态农业。张军以、苏维词（2011）以三峡库区为例，在分析了库区农业发展面临问题的基础上，探讨了库区发展低碳循环生态农业的意义，提出了库区低碳循环生态农业发展的一般模式及减少农业生产碳排放的五种对策，即推广免耕法、稻田水旱轮作、适度排水放干、发展以沼气为核心的农村新能源系统、发展高效生态循环种养农业和培育新型农民。至今，随着生态经济理论的成熟，专家学者们分别从农业产业化、技术创新、模式探讨等方面对生态农业进行了研究工作。赫修贵（2014）认为，中国目前农业资源严重萎缩和保证粮食安全的迫切性决定了必须走发展生态农业的现代化道路。生态农业建设涉及观念、制度、政策、技术等方面，必须开展深入的调查研究，加强整体设计，积极推进我国生态农业发展。杨瑞珍、陈印军（2017）认为，当前现代生态农业发展的主要任务是强化中国现代生态农业理论与技术保障体系建设，同时建立适合新农村建设的生态农业发展创新机制并大力推进生态农业的产业化建设。

（七）对东北地区及东北黑土区农业可持续发展的研究

由于诸多原因的限制，国内理论界关于"东北地区农业可持续发展的理论探索"进展较慢，最近几年才有学者对东北地区农业可持续发展问题给予关注。1997 年于德运的《吉林省农业可持续发展研究》采用描述法和分析法考察了吉林省农业可持续发展的资源基础，对该省农产品资源、畜产品资源、其他食物资源的配置状况和转化能力以及全省农业总体环境进行了详细的分析和评价，并从农业可持续发展的基本理论出发，结合吉林地区的实际，运用多种分析方法阐释了农业在吉林省经济发展中的地位和作用及其相关因素和条件，对农业可持续发展模式进行了理论探讨和定量分析。该研究提出"增粮兴牧强企"是吉林省农村经济发展的必然选择。

吉林大学张广翠（2005）认为，应该对东北地区农业实施结构调整，破除行政区域限制，整合农业资源优势，从整体上促进东北地区农业的可持续发展。长春税务学院李金荣（2005）则认为应从市场营销战略的角度来振兴东北农业经济尤其是吉林省农业经济。中科院东北地理与生态研究所程叶青、张平宇（2006）认为东北地区农业可持续发展应从农村城镇化及农业组织创新角度入手。王洪丽（2005）等运用生态安全评价指标体系和不安全指数计算模型及综合评价方法对吉林省农业可持续发展的生态安全进行了综合评价，结果显示 1993 年和 2003 年吉林省农业可持续发展均处于"较不安全"的状态。2003 年吉林省农业可持续发展的生态安全度与 1993 年相比，有明显提高，但和全国相比还相对较低。清华大学 21 世纪发展研究院徐玉高等建立的长白山地区区域可持续发展指标体系，将可持续发展总水平分为系统发展水平和系统协调性两个方面，前者包括资源潜力、经济绩效、社会生活质量、生态环境质量 4 个主题，后者包括资源转换效率、生态环境治理力度、经济社会发展相关性 3 个主题，此指标体系很有参考价值。

国内理论界对于"东北黑土区"农业可持续发展的研究几乎处于空白状态。只有个别学者对"黑土资源"的可持续利用做了初步论述，尚未具体地谈及黑土区的农业可持续发展问题。中科院东北地理与生态研究所的何艳芬（2003）从怎样保护黑土耕地的角度论述了关于黑土资源的农业可持续利用问题，认为应从立法、农耕技术等方面保护黑土资源。中科院黑龙江农业现代化研究所的王占哲（2001）认为改善农业种植结构是解决黑土区农业可持续发展问题的关键，但是没有对黑土区农业可持续发展模式做出进一步的探讨。王欣蕊、李双异等（2015）认为，规范的建设标准是保证高标准农田发展的基本条件，是保证高标准农田质量和提高建设成效的关键。东北黑土区作为我国重要的粮食主产区，应该提出高标准农田质量建设标准，以期为今后黑土区标准农田质量建设提供可行的参考依据。戴劲、彭文英等（2017）通过对黑龙江省嫩江县的实地考察及入户调研访谈，采用以数据包络分析为基础的两步法，对研究区域内不同利用模式下的耕地利用效率及其影响因素进行了分析。结果表明，单位化肥投入量、农机马力水平、每公顷收益等因素对耕地利用效率存在显著影响。政府应加强规模生产管理、提高技术效率、重视监督与引导，切实提高黑土区耕地利用效率，保护黑土区耕地资源和保障农民收益。

三、研究的基本思路与方法

（一）基本思路

本书在梳理农业可持续发展理论的基础上，结合东北黑土区水土流失现状来探讨农业可持续发展过程中存在的问题，找出破解农业可持续发展障碍的关键，进而结合国内外农业可持续发展的经验来探索东北黑土区农业可持续发展的模式。

（二）研究方法

（1）实证分析法。本书研究过程中力求采用实证分析方法，对东北黑土区农业经济中的水土流失、规模经营、市场化等问题进行实证描述，研究农业经济活动中各种经济现象之间的相互联系，并以此来分析和预测农业经济行为的后果。

（2）规范分析法。在研究的过程中，针对东北黑土区农业经济发展的实践，按照规范分析的标准做出一定的价值判断，提出本书对东北黑土区农业可持续发展问题的价值论断。

（3）图形分析法。在研究关于农业规模化问题的耕地流转行为时，充分发挥图形分析方法的直观优势，结合弹性分析等手段利用图形分析法对耕地流转市场的供求等因素进行分析，以便更直观地理解耕地流转行为。

（4）比较分析和归纳法。在研究过程中，采用比较分析和归纳法，通过将东北黑土区与其他地区特别是国外地区的农业现状进行比较，归纳出其他地区农业可持续发展的经验，为东北黑土区的农业可持续发展提出合理的借鉴性建议。

四、可能的创新之处

本书的创新之处主要体现在三个方面：第一，关于农业可持续发展问题的研究并不少见，但针对区域农业经济的研究则相对较少，尤其是东北黑土区农业可持续发展问题的研究基本处于空白状态，本书所关注的东北黑土区这一特殊的地域范围是一个独特的视野。第二，在研究方法上，本书力求采用一些数量模型进行分析。如在研究东北黑土区的农业市场化时，通过市场化水平对农户行为影响的一个数理方程来描述农业市场化问题，进而探讨东北黑土区农业市场化过程中存在的不足；在研究耕地流转行为时，构建农户的生产行为方程，来说明厂商视角下耕地资源趋向集中的条件。第三，运用一些独特的视角进行相关分析。如在研究农业规模经营的耕地流转问题时，从供求弹性的视角分析耕地流转规模问题；在分析东北黑土区水土资源流失的原因时，从制度经济学的视角（经济外部性）进行了一些相关分析。

第一章
农业可持续发展的理论基础

一、基本概念的界定

本节将对反复使用的两个重要概念加以界定和阐述，以免产生理解上的混淆，同时为后续研究奠定基础。

（一）可持续发展

"可持续发展"一词是在 1980 年的《世界自然保护大纲》中首次作为术语被提出的，是"可持续性"和"持续发展"的结合，既要考虑发展，也要考虑环境、资源、社会等各方面保持一定水平，可归纳为："建立极少产生废料和污染物的工艺或技术系统，在加强环境系统的生产和更新能力以使环境资源不致减少的前提下，实现经济的持续发展和提高生活质量"。或者说，可持续发展是"人类在相当长一段时间内，在不破坏资源和环境承载能力的条件下，使自然 - 经济 - 社会的复合系统得到协调发展"。1987 年联合国世界环境与发展委员会（WCED）的报告《我们共同的未来》把可持续发展定义为"既满足当代人的需要，又不对后代人满足其需要的能力构成危害的发展"，并且特别涉及两个重要的概念：一个是"需要"的概念，在可持续发展过程中，不仅仅考虑一般意义上的各个利益集团的需求，尤其要优先考虑世界上穷人的需求；另一个是"限制"的概念，即要综合考虑现有技术状况和社会组织对环境与资源满足眼前和将来需要的能力实施的限制。这一概念在 1992 年联合国环境与发展大会（UNCED）上取得了共识。

通过上文对可持续发展概念的梳理可知：可持续发展的核心是发展，关键是可持续性。离开了发展，社会进步、环境保护、资源利用和生态建设都将无法实现，可持续也就失去了意义，可持续发展也无从谈起。同时，可持续发展要求既要考虑当前发展的需要又要考虑未来发展的需要，不能以牺牲后代人的利益为代价来满足当代人的利益。人类对当今不可再生资源的消耗速度不能超过寻求替代资源的速度，目的是给后代留下更为广阔的可持续发展空间。

综合《我们共同的未来》与《里约热内卢环境与发展宣言》中提出的指导原则，应将可持续发展的基本原则归纳为公平、可持续和共同发展。公平原则是指当代人拥有发展机会、享受发展成果的公平以及满足当代人需要的同时，不损害后代人满足其需要的能力。可持续原则是指经济、社会、人口、资源与环境的协调发展，人口发展、经济发展和社会发展不能超越资源和环境承载力的限度。共同原则是指实现可持续发展的共同目标的全球共同行动。但需要说明的是，可持续发展的目标是多元化的。它不仅把环境保护作为所追求的最基本目标之一，也把发展质量、发展水平和平衡发展作为其宏观目标。

实施可持续发展的关键问题是自然资源和环境资源如何分配及如何实现合理使用。资源分配既包括在代际间的分配，也包括在当代的地区间的合理分配问题。资源的合理使用既包括追求资源的有效利用，也包括在资源的使用过程中保护生态平衡问题。

（二）农业可持续发展

"农业可持续发展"在学术界通常称为"可持续农业"，它是一个崭新的概念，经历了内涵不断丰富规范的发展过程。由于各个学派都试图对这一概念做出表明自己思想和意图的解释，这就使得可持续农业的定义在形形色色的表述中逐渐充实和完善。首先体现在对农业可持续发展的理解方面。农学家认为农业可持续发展的基础在于巩固"绿色革命"的成就，因为农业与人类的食品供应是紧密联系的；环境学家认为农业可持续发展意味着农业要对环境负责，即农业可持续发展的基础在于保护大自然赐予人类的森林、土壤、野生动植物等，只有如此，才能有充分的食品和燃料的供给；经济学家认为农业可持续发展要体现效益，即短期效益与长期效益的统一，当代人在获取短期效益的同时，更要考虑给予子孙后代的长期效益；社会学家则认为农业可持续发展要反映出价值观念，人类的持续发展必须符合传统文化和习俗，任何民族都不应该丢掉自己的传统而去推广与本民族文化无关的所谓新技术，传统的耕作习惯和生活习惯都应该保存下来；生态学家认为农业可持续发展是一种生态再循环的过程，是一系列促进环境良性循环的农业经营实践过程。① 其次，各国由于发展水平的不同，自然资源状况的不同以及发展目标的不同，因而对农业可持续发展的认识也不尽相同。1988 年发展中国家农业持续性委员会对"持续"的解释为：一种能够增进人类需要而不破坏甚至改善自然资源的农业系统能力。该解释体现了当前发展中国家的当务之急是生存问题，但任何的可持续都应建立在生存、发展与资源、环境的统一上，不能单纯地追求生存与发展而不顾及保护资源和环境。1990 年 10月，美国国会通过的《食品、农业、保护和贸易法案》中这样界定："可持续农业是一种因地制宜的动植物综合生产系统。在一个相当长的时期内能满足人类对食品和纤维的需要，保护和提高农业经济赖以维持的自然资源和环境质量，最充分地利用非再生资源和农业劳动力，在适当的情况下综合利用自然生态周期和控制手段，保持农业生产的经济活力，提高农民和全社会的生活质量。"这体现了发达国家对农业可持续发展的看法，即追求食物安全与营养，强调生活质量和资源保护及节约，兼顾资源的供需平衡和生态环境的良性循环。②

总的来看，关于农业可持续发展或可持续农业概念的论述比较多，各种观点基本上大同小异。下面就其中具有代表性的观点进行概述：

美国内布拉斯加州合作推广系统认为农业可持续发展是一种经营战略的体现与结果，它帮助生产者选择品种、确定土壤肥力对策、种植制度、耕作方式、轮作方法以及病虫害防治策略等，其目的在于降低成本、减少对环境的压力、保证生产与盈利的可持续发展（柴彭颐，1999）。国际农业磋商小组技术咨询委员会认为可持续农业应该在保护环境质量和自然资源的同时，成功地管理资源，以满足不断增长的人类的需要（陈厚基，1994）。联合国

① 陈厚基. 持续农业和农村发展［M］. 北京：中国农业科技出版社，1994：10 - 11.
② 罗必良. 中国农业可持续发展趋势、机理及对策［M］. 太原：山西经济出版社，2000：190 - 196.

粮农组织（FAO）在其政策性文件《可持续农业生产对国际农业研究的要求》中提出的农业可持续发展定义是"管理和保护自然资源基础，并调整技术和机构改革方向，以确保获得足够的农产品来持续满足当代和后代人的需要。这种持续发展（包括农业、林业和渔业）能够保护土地、水资源和动植物基因资源，而且不会造成环境退化，同时要在技术上适宜、经济上可行、并且能够被社会接受。"1991 年，联合国粮农组织（FAO）在荷兰丹博斯召开了可持续农业与农村发展国际研讨会，会议发表了《关于可持续农业和农村发展的丹博斯宣言和行动纲领》（简称《宣言》）。《宣言》对可持续农业做出了如下定义：可持续农业是"采取某种管理和保护自然资源基础的方式，以及实行技术变革和体制变革，以保障当代人及其后代对农产品的需求得到满足，这种可持续的农业（包括农业、林业和渔业）能维护土地、水、动植物遗传资源，并不造成环境退化；同时，这种发展在技术上是适当的，在经济上是能持续下去的，并能为社会所接受。"① 这一定义的要点是：通过实行技术革新和体制改革，在合理利用自然资源和保护生态环境的前提下，生产足够的食物与纤维，来满足当代人类及其后代对农产品的需求。这种农业可持续发展的特点有两个方面：一是能维护土地、水、动植物遗传资源，并不造成环境退化；二是技术上适当，经济上能持续，并能为社会所接受。联合国粮农组织的这一定义比较全面地概括了农业可持续发展的本质属性，目前被社会各界广泛应用。该宣言同时提出了确保食物安全的温饱目标、农村综合发展的致富目标以及保证资源与环境永续良性循环的生态目标等三个战略目标，以及提出了提高农业生产效率、改善农业生产经营条件和调整农村产业结构等三个基本要求。另外，贝基·布朗等人提出了三重目标定义，即可持续农业的基本目标是生态持续性、经济持续性和社会持续性②。以上所介绍的都是国外对农业可持续发展的理解。考虑到国内关于农业可持续发展的界定往往是以上几种观点的翻版，在此不再赘述。

　　以上各种代表性观点的共同之处在于对自然资源与环境的强调，这也是

---

① 张忠根. 农业可持续发展评估、理论、方法与应用 [M]. 北京：中国农业出版社，2003：17.

② 刘彦随，吴传钧. 农业持续发展研究进展及其理论 [J]. 经济地理，2000（1）：63 - 68.

农业可持续发展的基石。同时考虑到上文所阐述的可持续发展的基本内涵，农业可持续发展的定义应该从两个方面阐述：首先，要满足现代人以及后代人的需求以确保人类及其后代能在地球上生存与发展；其次，要对资源与环境予以保护，确保资源能永续利用。大多数学者认为联合国粮农组织 1988 年对农业可持续发展的定义可以作为对农业可持续发展的一个基本定义。主要是因为它对农业可持续发展提出了五个基本要求以及两种实现途径。联合国粮农组织 1991 年也做过定义，但这个定义更多地体现了行动纲领，而且将农业可持续发展与农村发展混在了一起，强调的发展概念中既有农业发展也有农村发展，两者的着眼点也不一样，一个是产业而另一个是地域。对于农业可持续发展来说，它的研究对象主要是指农业增长及农业发展的可持续性。除此以外的相关问题都只能作为农业可持续发展的相关因素而不是研究对象本身。

总体来说，农业可持续发展是"可持续发展"概念在农业发展领域的延伸，表述的是一种全新的农业发展观。其内涵是十分丰富的：首先，农业可持续发展仍然强调发展的持续性、高效性、协调性和公平性。持续性一方面强调发展的必要，另一方面强调的是农业发展的可持续性，要树立长远观点，避免单纯追求短期的经济增长，不能以牺牲发展能力为代价换取暂时的经济增长速度，不能以牺牲后代人的利益为代价来满足当代人的利益；高效性的前提是发展，发展也不仅仅追求量的增长，更在于质的提高。所有农业的可持续发展应遵循"高产、优质、高效、低耗"的原则；协调性强调农业的发展要以自然资源的可持续利用、生态环境的不断改善为前提；公平性既强调当代人的公平，解决贫富差距悬殊、两极分化问题，又强调代际间的公平，要求当代人不要为自己的需求和发展而损害后代人满足其需要的自然资源和环境条件。其次，农业可持续发展在于保持生态环境良性循环，减少在农业中大量使用人工合成的化肥、农药等，合理利用生态自我修复功能提高农业单位资源生产效率。具体的措施为：尊重生态环境客观性、生物物种多样性的原则，合理利用各物种之间相互制约、相互促进的机理，使生态环境尽可能按照自然循环功能去循环。结合不同地区的生态环境特征，设计促进生态环境迅速恢复的经济模式，以提高农业生产效率。

（三）我国农业可持续发展的目标

前面介绍了联合国粮农组织所确定的目标，该目标是一个近乎完美的农业可持续发展目标。但是从目前我国农业发展水平看，这种理想状态根本达不到。我国农业发展中，人口多、耕地少、生产力落后。所以，我国农业可持续发展的首要目标是使农业生产发展满足国民经济发展的需要，在保证生产目标实现的前提下尽可能使资源开发合理、利用高效，环境污染减少，以求达到资源可持续利用的目的。就我国目前的实际情况来看，农业可持续发展的具体指标应包含以下几个方面：

1. 农业生产目标

在农业生产中，要确保粮食生产安全及主要农产品供给，使之满足国民经济发展与人民生活水平提高的要求。不断增加农民的收入，使农民收入的增长与农业发展尤其是与粮食产量增长同步，逐步缩小农业与非农业差距。农业是国民经济的基础，在经济发展的过程中，政府应当避免农业规模萎缩。为确保农业生产目标的实现，还应具有与之相适应的物资技术条件的支持。

2. 水资源可持续发展利用目标

水资源与人们生活和经济发展息息相关。水资源可持续发展总的目标是合理开发、利用，并且要使水质不断提高、水量不断增加，满足社会、经济发展的需求。我国地域辽阔，各地水资源不同。南方应该主要解决水质污染问题，提高水的质量，保证人民生活用水与农业灌溉不受污染。西南和北方应实行节约用水、合理开发利用地下水，以缓解目前严重的缺水危机。为此，一方面要加强对水利设施的维修和建设，提高其利用效率，保证人们生活、农业生产用水；另一方面针对不同的地区兴建以蓄、引为主的中小型水利工程，大力发展节水灌溉技术，如低压管道灌水、喷灌、滴灌、微灌等，提高供水能力和效率，有效地解决水资源短缺问题。

3. 耕地资源可持续利用目标

我国的地域虽然广阔，但人均耕地面积少。耕地资源可持续利用的长远目标是保证耕地总量不得低于 18 亿亩；在保证耕地质量的前提下，采取各种措施提高耕地生产率；同时还要扩大土地经营规模，逐步走向耕地集约化经营。要搞好土地资源调查和土地利用总体规划，明确耕地利用的总体方向、目标和任务，要尽可能减少各种建设用地对耕地的侵占，优化土地利用模式。同时要对土地资源管理实施现代化手段，完善各级政府土地资源管理信息系统，建立土地利用监测网，掌握土地动态变化。健全市场体制下的政策和法规，全面推行土地有偿使用和分阶段实现土地市场化，实现大面积土地开发的综合有效管理。整治退化土地，加强山地资源评价、利用与管理，提高土地利用率。

4. 草原资源可持续利用目标

针对我国草原沙漠化的趋势，要采取积极措施遏止草地退化，提高草地资源的生产率，实现草原生态环境由恶性循环向良性循环转化，这是草原资源可持续利用的根本目标。所以，我们应加大投资力度，加快对草原资源改造、草种改良，利用现代技术，增加人工草场面积、改善草地环境，使草原资源有利于可持续发展。

5. 森林资源可持续利用目标

在保证现有森林覆盖率与森林资源存量的前提下，实现森林资源生长率大于利用增长率，严格制止对森林盗采滥伐，使森林资源的生态效益、经济效益和社会效益都能得到提高。实施有效措施增进森林的生态价值和资源效益，加强对人力技术和专业技能的培训，制定和实施有关维护、管理和可持续利用森林的政策和法规。尽快建立全国统一的森林资源监测系统和森林资产管理系统，实现森林资源的有偿使用，以达到提高森林资源利用率与保护森林资源的双重目的。

二、马克思土地肥力理论

（一）马克思土地肥力观

马克思明确指出肥力是土地的客观属性。土地因为具备肥力，才具备生长绿色植物这一基本功能，才能为农业提供基本的生产资料。这一论断得到了国内外广大土壤学者的赞同（单胜道，2001）。土地肥力的客观属性，首先表现为土地的自然肥力，进而转化为经济肥力。自然肥力是由自然因素形成的土壤具有的肥力，自然肥力的高低决定于成土过程中诸多成土因素的相互作用，特别是生物的作用。在土壤自然肥力中，马克思认为："撇开气候等要素来说，自然肥力的差别是由土壤的化学结构的差别，也就是由表层土壤所含植物养分的差别形成的。"① 从这里看出，马克思已经把土壤看成自然肥力要素了。同时，马克思也说明了自然肥力中还包含许多其他因素。"所有这些对不同土地的不同肥力施加的影响，都归结为一点：从经济肥力的角度来看，劳动生产力的状态，这里指的是农业可以立即利用土地自然肥力的能力——这种能力在不同的发展阶段上是不同的，——和土地的化学结构及其他自然属性一样，也是土地的所谓自然肥力的要素。"②

关于自然肥力向经济肥力的转化问题，马克思认为：把土地的自然肥力发展成为可以栽培农业作物的经济肥力，它所必需的条件和过程是使人类生产活动所创造的"人工肥力"与"自然肥力"相融合。马克思指出，人工肥力是由"投入土地"所致，"其中有的是比较短期的，如化学性质的改良、施肥等等，有的是比较长期的，如修排水渠、建设灌溉工程、平整土地、经营建筑物等等。"③ 可见已耕地的肥力的另一部分即人工肥力是依靠投资的人工产物，而自然肥力则是经济肥力赖以形成的基础。只有在这个基础上，人类生产活动所创造的人工肥力与土壤中原先所有的自然肥力相融合才成为经济肥力。人工肥力的形成依靠土地的自然肥力，并不是说脱离原有的自然肥力而独立形成。可以说，人工肥力是以自然肥力为基础的，是在自然肥力基础上的添加与提升，来源于人类的生产实践活动。人工肥力与自然肥力在同一个土壤里相融合才能形成经济肥力。人类生产活动在自然肥力的基础上创造了人工肥力并和自然肥力一同转成经济肥力的理论，是马克思运用辩证唯物论的观点和方法勾画出来的。这个理论科学合理地展示了人类生产活动在人工肥力形成中的重要作用，揭示了自然肥力向经济肥力转化这个客观事实。可见农作物生命活动所需的并不是全部来自于大自然的赋予，而是在自然界提供基础温床的前提下人类智慧积极注入的结果。

马克思认为经济肥力的形成和发展，受劳动生产力状态所影响。劳动生产力状态是随着人类劳动生产技术的提高和社会的发展而不断地改进的。土地的经济肥力"总是同农业中化学和农业机械的发展水平有关系，因而也

---

① 马克思. 资本论（第3卷）［M］. 北京：人民出版社，2018：733.
② 马克思. 资本论（第3卷）［M］. 北京：人民出版社，2018：734.
③ 马克思. 资本论（第3卷）［M］. 北京：人民出版社，2018：698.

随着这种发展水平的变化而变化"①。马克思继而明确指出："随着自然科学和农艺学的发展，土地的肥力也在变化，因为可以使土地的各种要素立即被利用的各种手段在发生变化。"② 可以说，土地的经济肥力究竟能发展到什么程度，与人类科学技术水平密切相关。

（二）马克思地力枯竭学说

土地肥力如若不加保护，不加投入新的资本，或不渗透人类科学技术成果，常常会出现地力枯竭问题。这种现象的发生一般与人类不合理地开发利用土地密切相关。要想合理地利用土地的肥力，保持农业可持续发展，必须梳理马克思对于地力枯竭的相关论述，深刻体会马克思对地力枯竭论述的精髓。

1. 地力枯竭的经济根源

马克思认为地力枯竭包括一切导致土壤功能降低、土地肥力退化、土地利用受限的现象与过程。地力枯竭致使在对土地进行同样的投入后，得到的产品的数量减少或质量降低。

导致地力枯竭的经济根源主要可归纳为以下几个方面：第一，土地私有是地力枯竭的产权原因。马克思从小土地所有制和大土地所有制两个方面进行了论述。小土地所有制由于经营规模小以及其他客观条件的限制不可能对土地进行合理的耕种和科学的改良。马克思认为，小土地所有制的前提是：人口大多数生活在农村，占统治地位的不是社会劳动而是孤立劳动。在这种情况下，再生产及其物质条件和精神条件的多样化和发展都是不可能的，因而也不可能有合理耕作的条件。同时，"小块土地所有制按其性质来说就排斥社会劳动生产力的发展、劳动的社会形式、资本的社会积聚、大规模的畜牧和对科学的累进的应用"③。由于以上原因，小土地私有制埋下了地力枯竭的隐患。然而另一方面，"大土地所有制使农业人口减少到一个不断下降的最低限量，而同他们相对立，又造成一个不断增长的拥挤在大城市中的工业人口。由此产生了各种条件，这些条件在社会的以及由生活的自然规律所

---

① 马克思. 资本论（第3卷）［M］. 北京：人民出版社，2018：733.

② 马克思. 资本论（第3卷）［M］. 北京：人民出版社，2018：870.

③ 马克思. 资本论（第3卷）［M］. 北京：人民出版社，2018：912.

决定的物质变换的联系中造成一个无法弥补的裂缝，于是就造成了地力的浪费，并且这种浪费通过商业而远及国外"。① 马克思又指出："城市人口越来越占优势，这样一来，它一方面聚集着社会的历史动力，另一方面又破坏着人和土地之间的物质交换，也就是使人以衣食形式消费掉的土地的组成部分不能回归土地，从而破坏土地持久肥力的永恒的自然条件。这样，它同时就破坏城市工人的身体健康和农村工人的精神生活。"② 对此，恩格斯也指出："只有通过城市和乡村的融合，现在的空气、水和土地的污毒才能排除，只有通过这种融合，才能使现在的城市中日益病弱的群众的粪便不致引起疾病，而是用来作为植物的肥料。"③ 可以看出，大土地所有制这样的土地私有制同样存在导致地力枯竭的隐患。第二，工业式的经营方式是导致地力枯竭的重要原因。工业和农业适用不同的经营方式，原因关键在于农业的劳动对象中有土地这一重要因素。如果农业采取和工业一样的经营方式，势必会抹杀了农业和工业对生产要素的不同要求。要拯救地力，就应该扬弃工业式的农业经营方式，去探寻适合于农业而又利于保护地力的特有经营方式。第三，"短期"租赁是导致地力枯竭的原因之一。在这里，"短期"是一个相对的概念。如果一个租赁期不能够促使租赁者去尽可能地增加对土地的投资，并积极地去保护、改良以及合理耕种土地，那么这个租赁期就是短期。而短期租赁对地力的保护非常不利。短期租赁"会限制租地农场主所进行的、最终不是对他自己有利而是对土地所有者有利的生产投资。在这两种形式上，对地力的榨取和滥用代替了对土地这个人类世世代代共同的永久的财产的经营，即他们不能出让的生存条件和再生产条件所进行的自觉的合理的经营"。在短期租赁的情况下，虽然会应用提高社会劳动生产力的手段和科学技术。但是"由于这些手段被用来尽快地增加租地农场主和土地所有者的财富"，④ 而不是用来保护、改良土地，地力枯竭的现象难免会出现。

2. 避免地力枯竭的措施

人类可以采取积极的措施以避免地力的枯竭：第一，经济社会的发展可

① 马克思. 资本论（第3卷）[M]. 北京：人民出版社，2018：919.
② 马克思. 资本论（第1卷）[M]. 北京：人民出版社，2018：579.
③ 恩格斯. 反杜林论 [M]. 北京：人民出版社，1993：303.
④ 马克思. 资本论（第3卷）[M]. 北京：人民出版社，2018：918.

以改善土地肥力。土地的肥力可以由于社会及经济的发展而得到改善，比如科学技术、特别是化学工业的发展，可以对土地进行改良进而改善土地肥力；此外，还可以兴修水利、增加植被，增强土地的抗旱保湿能力等等。马克思指出土地肥力总是同农业化学和农业机械的发展水平有关系，因而也随着这种发展水平的变化而变化。马克思的这些理论已被农业生产实践反复证明是完全正确的。土地肥力究竟可以发展到什么样的程度，始终以一定的劳动生产力状态为依归，即以一定的科学技术水平为依归。同时，人类的耕作本身也是对土地的一种改良。马克思认为，一般单纯的耕作一样会改良土地。只要这种耕作是合理的，而不是像以前美国奴隶主那样对土地进行野蛮掠夺。这一特征也与土地作为劳动资料的特殊性有关，相对于机械性设备来说，它具有更多的优越之处。马克思指出："投在机器等等上的固定资本不会因为使用而得到改良，相反地，它会因为使用而受到磨损。新的发明在这里也会引起一些改良，但在生产力的既定发展阶段上，机器只会日益陈旧。在生产力迅速发展时，全部旧机器必然会被更有利的机器所取代，也就是说，必然会丧失作用。与此相反，土地只要处理得当，就会不断改良。土地的优点是，各个连续的投资能够带来利益，而不会使以前的投资丧失作用。"① 第二，自然生态本身具有恢复土地肥力的功能。首先，在自然生态状况下，土地不存在肥力递减现象，因为植物在土壤中吸取养料的同时，通过新陈代谢的自组织作用又以腐殖质形式还肥于土地，使土地肥力得以恢复。在原始未开垦的土地上，土地的肥力不会随着时间的推移而退化，除非发生大的自然灾害，比如大的地震、火山喷发、洪涝灾害等。虽然人类介入土地之后，对土地产生了重大的影响，不合理的耕作和制度安排会导致地力枯竭，但是自然生态的自然恢复功能一直在起作用，只是当它的作用没有人类的破坏作用大的时候，地力枯竭的现象就会出现。其次，土壤是地球陆地表面能生长绿色植物的疏松层。我们知道，因土壤具有肥力，才具备生长绿色植物这一基本功能。马克思关于地力枯竭的论述揭示了人类社会利用土地对地力影响的一般经济规律，解释了导致地力枯竭中的人为经济因素，这对我们正确认识和利用土地，正确认识和看待地力枯竭，正确认识和处理经济

---

① 马克思. 资本论（第3卷）[M]. 北京：人民出版社，2018：883.

社会发展与防控土地枯竭的关系，以及保持农业可持续发展具有重要的理论意义和实际意义。

（三）马克思对肥力递减规律的批判

通过马克思土地肥力观及地力枯竭思想可知，马克思对"土地报酬递减规律"是持批判态度的。马克思更加强调合理利用科学技术对提升土地生产率和土地报酬的积极作用。马克思肯定了土地只要利用合理，土地肥力及其收获量会持续增长。恩格斯针对土地肥力递减问题指出："土地的扩大是受限制的。好吧。在这个面积上使用的劳动力随着人口的增加而增加。即使我们假定，由于增加劳动而增加的收获量，并不总是与劳动成比例地增加，这时仍然还有一个第三要素，一个对经济学家来说当然是无足轻重的要素——科学……而对科学来说，又有什么是做不到的呢？……地球上的土地才耕种了1/3，而这1/3的土地只要采用现在已经是人所共知的改良耕作方法，就能使产量提高五倍，甚至五倍以上。"① 这一论述着重强调了科学技术进步和生产方式变革对土地报酬的影响。

土地报酬递减规律应属于与生产关系无关的生产力范畴，它为人们找出资源的最佳组合投入量提供了理论依据。清楚了解土地报酬递减规律可为充分利用土地肥力提供相应的理论指导。要不断提高土地产出效益，需要注意两个方面：一是应当不断提高农业生产技术水平，发展现代农业科技与运用现代农业生产要素，使土地肥力和报酬持续增长。可以肯定，随着现代科学技术和管理手段在农业生产上的广泛应用，土地的增产潜力是无限的②。二是在生产技术特定的条件下，应当系统配置农业生产要素，实现土地的充分利用。因为土地作为固定资源，如果与其他变量资源的配合不适当，那么土地在增产因素中的份额就会下降，进而不能继续支持新增变量资源在农业增产中的作用。

三、可持续农业的理论基础

（一）农业生态学理论

农业生态学是运用生态学和系统论的原理与方法，将农业生物与自然环

---

① 马克思，恩格斯. 马克思恩格斯全集（第3卷）[M]. 北京：人民出版社，1974：469.
② 刘书楷，曲福田. 土地经济学 [M]. 北京：中国农业出版，2004：54.

境作为一个整体，研究其中的相互作用、协调演变以及社会经济环境对其调节控制规律，进而促进农业持续发展的学科。可见，农业生态学是指导农业可持续发展的基本理论，是生态学在农业领域的具体应用。农业生态系统是人类为满足社会需求，在一定边界内通过利用生物与生物、生物与环境之间的能量和物质联系建立起来的功能整体。这种系统的观点在于谋求从原料到产品整个物质循环和能量流动的优化。

1. 生态农业生产的特点

相对常规农业而言，生态农业生产的特点主要有：（1）合理利用自然资源进行农业生产。生态农业是为了克服石油农业使用化学生产资料的弊端而推行的农业经营方式，提倡使用当地自然要素进行生产，通过工程与生物措施强化生物资源的再生能力，但不能破坏自然环境，在保证可持续发展前提下，充分利用自然资源进行生产，根据生物圈中的特定途径，遵循从环境到生物体，再从生物体到环境的物质循环规律，多层次利用物质和能量，减少营养物质外流。（2）综合性经营。生态农业通过农林复合系统建设，使种群结构多样化。在种群结构调整中，依据生态适宜性原则促使农业系统内生物多样化，促进农、林、牧、副、渔全面发展、农工商综合经营，发展生态农业产业化。（3）高效经营。生态农业主要利用生态系统内部自然要素的有机循环进行生产，除了投入劳动力外，其他生产要素投入较少，通过固氮植物、作物轮作以及正确处理和使用农家肥料等技术来保持土壤肥力，在生产中一切副产品都要再循环，尽量减少损失，是一种能以较少的投入获得较多产出的经营模式。（4）保证农业实施清洁生产。生态农业的经营注重对生态环境的改善，实行清洁生产，恢复或完善生态系统原有的生产者、消费者和分解者之间的连接，形成生态系统的良性循环结构及物质的循环利用，是一种优化了的良性循环农业生态系统。生态农业系统的内部组成与结构复杂，具有较强的抵抗外界干扰的缓冲能力和较高的自我调节能力，是一种具有持续发展能力的农业。（5）明显的地域性。生态农业是在特定地理环境和生态系统里的产业经营模式。世界各地的自然条件、生态条件、经济条件不同，其经营模式也不同。所以，世界各地要根据自身条件进行生态农业生产，只有选择适应性强的生态农业经营模式进行生产才能保证生态农业有较高效益。

2. 生态农业经营结构

生态农业是依赖自然环境的产业经营模式，世界各地的自然生态条件不同，生态农业的经营模式就不同。即便在同样的自然环境和生态系统里，生态农业的经营对象不同，其经营模式也不相同。中国 51 个生态农业试点县就形成了 100 多种不同类型的生态农业经营模式，归纳起来有立体型生态农业、食物链型生态农业、复合型生态农业、生态恢复与环境治理型生态农业等四大类生态农业经营模式。每类经营模式都有具体的生态农业技术：第一，立体型生态农业。立体生态农业就是利用立体空间进行多物种共存、多层次配置、多级质能循环利用的立体种植、立体养殖、立体种养的多功能农业经营模式（姜达炳，2003）。立体种植经营模式有平地立体种植、山地立体种植、丘陵立体种植、庭院立体种植等具体经营方式。该经营模式需要注意的技术有：选用适宜的植物种群和品种、合理确定种群密度、施有机肥、轮作换茬和用养结合。第二，食物链型生态农业。食物链生态农业是根据自然界食物链原理设计出来的在整个生产系统中多次循环利用废弃物、提高生物能量转换率和资源利用率的农业经营模式。主要有养殖业内部物质循环利用模式、"养沼种"三结合物质循环利用模式两种具体经营方式。第三，复合型生态农业。复合型生态农业就是由一些按特定要求的应用技术作为生态接口，农、牧、渔、加工业等优化组合的，具有复合功能的生态农业经营类型（姜达炳，2003）。该经营类型包括农（作物）林复合型、农牧复合型、内陆水域复合型、农畜工复合型等四种经营方式。农林复合经营主要技术就是进行不同生态位合理组配，选择具有共生性的物种种植。农牧复合经营主要有以沼气为接口的农牧复合型，以食用菌为接口的农牧复合型和以蚯蚓为接口的农牧复合型等具体方式。内陆水域复合型主要有稻鱼复合经营、猪沼鱼复合经营、基塘农业模式、以水产养殖为主的水陆复合经营，以农田为中心的水、土、林、田综合治理模式。农畜工复合型经营方式是根据生态学的物质循环原理，将农产品与加工业联合起来经营，把农产品和农业部门的废弃物作为工业部门原料的经营方式。第四，生态恢复与环境治理型生态农业。这种类型生态农业的公益性突出，突出生态效益和环境保护与治理目的是其明显特征。人类进入工业社会以后，农业生态环境日益恶化，主要原因是农业生产的污染源扩大了。在农业生产中因过量使用农药、化肥、化学除草剂等农用化学物质而造成的化学流失物从根本上引起了农业生态环境的破坏。此外,人类过度开发土地也是一个重要原因。农业生态恶化主要表现为耕地锐减、土地退化、水土流失、土地沙漠化、草场退化、地面水体污染、生物多样性遭到破坏、自然灾害频频爆发等。为了恢复农业生产需要的自然生态环境,为农业生产也是为整个人类社会提供一个可持续的发展空间,除了从工业、城市生活领域治理生态环境外,任何国家都要采取生态农业措施恢复和治理日益恶化的生态环境。在 20 世纪 90 年代我国开始实施的"退耕还林"政策,不到十年就产生了良好的生态效益。

(二) 资源经济学理论

资源经济学是在研究资源合理开发利用和保护过程中逐渐形成的,是一门研究如何实现资源的优化配置,从而为社会提供最大福利的科学。它与污染经济学、生态经济学等学科相互交叉,是介于环境科学、经济科学和技术科学之间的边缘学科,融合了资源学和经济学的观点及分析方法,是环境经济学的重要组成部分。从 18 世纪到 20 世纪初,亚当·斯密、杰文斯、李嘉图、马歇尔等经济学家从自由市场的"稀缺"层面研究了经济与自然资源的关系,并得到了较一致的结论:自然资源的稀缺问题可以通过市场的价格机制得到解决,从而奠定了资源经济学的研究基础。

1. 土地资源

经济资源指的是一切直接或者间接为人类所需要并且构成生产要素的、稀缺的、具有一定开发利用选择性的资源。联合国环境规划署(UNEP)强调,"所谓资源,是在一定时间、地点条件下能够产生经济价值,以提高人类当前和将来福利的自然环境因素和条件"。土地是人类赖以生存的空间,是人类社会生产中重要的自然资源和经济资源。土地资源是在一定的技术条件下和一定的时间内可以为人类利用的土地。对于农业发展来说,农业用地是一种不可或缺的资源。土地资源的特性首先表现为稀缺性。土地稀缺的原因在于任何一个国家或地区的土地总量都是有限的,土地供给是相对固定的,而需求却是随着人口和经济的发展不断地增加。其次是不可替代性。土地是生物生存、农业生产的基础。土地的作用不可能被其他任何生产资料完全代替,土地在人类的生存和发展过程中发挥着不可替代的功能和作用。

2. 资源经济学的研究内容

资源经济学研究的是资源的有效配置以及资源配置决策的收入分配效果，涉及资源的最优耗用、资源稀缺性及其度量、资源估价、资源代际分配、资源产权、资源开发效率等问题。资源经济学主要从资源的优化配置的视角对人类社会的发展提出建议。资源经济学研究的内容主要包括：资源有关基础理论（自然资源的分类及其在经济发展中的地位和作用等）；自然资源稀缺的经济策略与缓和途径；主要自然资源如能源、水资源、土地资源、森林资源等的合理开发利用及相关经济政策问题等。其研究的任务主要包括：通过对资源经济学的研究，阐述人口、资源和环境三者的关系以及它们与经济发展之间的关系；通过对资源开发项目理论分析和实践应用，从科学角度进行重大资源开发项目的可行性分析，提高其决策的科学性；通过对资源管理政策分析，为国家制定正确的资源开发决策提供理论依据；通过对新技术和新方法研究，为扩大资源利用量和提高资源承载力提供定性和定量的研究方法等。

3. 资源经济学的相关学说

第一，"资源耗竭"说。该学说以马尔萨斯主义者（福格特）为代表，他们认为人口大量的增长，加快了资源的消耗。而自然资源，尤其是矿产资源，大多是不可再生的，所以人口的增长和对自然资源的消费就成为了不可调和的矛盾。部分地区的生活贫困正是这一矛盾加剧的体现。要使人类摆脱贫困，就必须降低人口的增长速度。如若不然，人类将面临一场灭顶之灾。

第二，增长极限论。增长极限理论的代表人物是梅多斯，他在《增长的极限》里系统地阐述了世界的人口、农业生产、自然资源、工业和污染五种因素是相互影响和相互联系的关系。他们运用系统动力学方法建立的世界模型进行演算，其结果是人口与工业是按指数增长。若现行的资源消耗水平和人口增长率不变的话，世界的粮食短缺、资源耗竭、环境污染等问题必将显性化，最终导致世界人口和工业生产能力可能突然发生无法控制的崩溃。可行的办法就是到 1975 年世界人口停止增长，到 1990 年停止工业的投资增长，以实现全球性的均衡。报告中还提到自然资源的消耗或使用按指数增长，许多资源的使用率增长得比人口增长率还要快。资源消耗的指数增长是人口增长和资本增长推动的。然而，有限的资源储量导致资源价格上涨，这样势必造成用于发展的资金减少，因投资减少经济发展的基础就会崩溃。经济的崩溃必然导致世界体系因为资源危机而崩溃，这样世界末日将会临近。

第三，"最后资源"论。这是以西蒙为代表的乐观学派的理论。西蒙反对悲观主义的"资源耗竭"论和"增长极限"论，乐观地认为经济停止增长是不现实的。如果经济增长停止，那么会引发一系列的社会问题，所以经济不仅不会停止，也不应该停止。西蒙在《最后的资源》一书中阐述：只有经济增长才有技术创新和发明，社会经济才能进步。只有经济增长才能减少资源、能源的消耗，减少环境污染。只有经济增长才能增加就业机会，提供更多的就业岗位。只有经济增长才能缩小发达国家和发展中国家之间在经济上的差距。他的主要观点是，人类作为"最后资源"，从长远来看，可以把自然资源的供应扩大到无限，因为需求的增加将推动人们去寻找新能源、新资源，去发明新的开采、加工和使用资源或能源的技术和工艺，发掘各种代用品。这种乐观学派认为资源不是不足和即将耗尽的问题，主要是有许多界限尚未被突破，无限的资源需要人们去探索、开发、利用。

这些观点都从不同侧面论述了总体资源耗用与经济发展的关系问题，是总体的理论探讨。针对作为国民经济的基础产业——农业来说，土地资源是其发展的基础，同时在现代农业发展的过程中，机械化的运用以及化学资料等的投入消耗了大量的其他资源，这些都会产生相关的资源消耗、环境污染以及农业经济不可持续的可能性。为此，应积极地梳理归纳资源经济学的有关理论，为肥沃土地农业可持续发展的政策规划奠定一定的理论依据。

（三）农业生态经济学理论

1. 农业生态经济学的产生及其研究对象概述

农业生态经济学是一门由生态学和经济学相互交叉、相互渗透而结合起来的新兴的"边缘学科"。它是研究生态和经济两大系统相互作用所形成的复合系统运动规律的科学。至今它只有近40年的历史，虽然还没有形成一套较完整的理论体系，但是，它关系到当今人们的生产和生活，关系到人类未来的生存和发展，因此越来越为人们所重视。

要说明农业生态经济学的产生，必须从农业生产的特性说起。农业生产过程可以分为两个部分，即自然再生产和经济再生产。这两部分并不是相互独立的，而是有机地结合在一起的。在农业自然再生产的过程中，自然界的生态规律起着主导作用。另一方面，农业一开始就打上了深深的经济烙印，人类动用各种经济手段、技术方法来改变农业的自然再生产。伴随着科技发展、人口增加，人们对自然界改造的能动性也越来越大。针对人类干预生产所出现的严重农业生态问题，人们逐渐清醒地认识到，在考虑农业生产方式时不仅要从自然生态环境的视角去思考，还要通过经济学的视角来考虑由于人们能动的破坏致使生态失衡之后给国民经济造成的损失，以及对农业自然再生产的能动干扰方向问题。在上述背景下产生了农业生态经济学。农业生态经济学主要是对农业生态系统中自然再生产的研究，并且对农业经济系统中经济再生产的作用机理和运用规律进行剖析。

2. 农业生态经济系统的构成

农业生态经济系统主要由三部分构成，即环境系统、生物系统和经济系统。环境系统是指农业生产的自然环境，包括水土资源、气候等；生物系统是指系统内的各种生物群落，既包括各种植物、动物群落，也包括微生物等；经济系统是指农业生产方式所依赖的经济政策、科技措施等。在农业生态经济系统中，环境系统是物质和能量的源泉，生物系统是物质和能量转化的载体，经济系统是物质和能量转化的控制机构。农业生态经济系统的具体结构模式如图1-1所示：

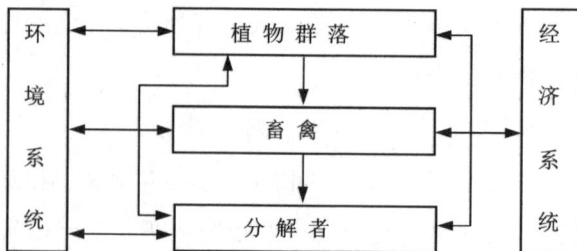

图1-1　农业生态系统结构示意图

在农业生态经济系统的结构中，除生态系统自身的物质循环和能量转化以外，还有一个经济调节系统——社会经济系统。这表明，人们可以通过生产模式的改变影响经济系统，促使农业生态经济系统的环境子系统和生物子系统发生应变，从而把农业生态经济系统向人们提供更多的物质和能量变为可能。同时，也可将系统以外的物质和能量引入这个系统，以提高生产力水平。

3. 农业生态经济系统的类型以及区划

农业生态经济系统包含着两个方面：一是农业生态系统，二是农业经济系统。前者以生物种群和地域要素为基础，后者以各地的经济发展条件、历史、文化及人们的消费习惯差异为基础。因此，农业生态经济系统可以有种群分类法和地域分类法两种分类法。由于系统构成因素不同，因而每个农业生态系统的结构、功能都有所不同。

根据系统内的生物种群划分，农业生态经济系统可以分为农田生态经济系统、森林生态经济系统、草原生态经济系统和水域生态经济系统。由于各种生态经济系统内部的种群特征不同，农业生态经济系统的各项结构和功能也就不同。

农业生态经济系统中生物系统与自然环境相联系，而环境系统又随着地域的差异和各地的文化历史、社会习俗的不同而不同。所以，在不同区域即使是同一种群类型的农业生态经济系统也具有不同的特征。针对一个地域来说，农业生态系统的区位布局要遵循自然规律和生物种群生长规律合理地安排各种不同种群。

目前我国农业生态经济系统布局大致有三种类型：第一，自然区位制约型。生产者根据自然条件，以能满足自身需求的方式进行生产活动。这种布局受自然环境影响较大。第二，屠能经济区位制约型。在商品经济条件下，农产品的生产最终要以价值实现为目的，就是农产品要实现价值，就必须到达市场进行交换，这样才可能获得最终收益。可是，现实中落后的运输、加工、储藏条件成了制约商品生产和交换的条件。这样需在原有的自然区位的基础之上，增加一个以屠能农业经济区位理论为代表的区位布局。这种农业生态经济系统布局受到城乡运输条件制约。第三，专业化生产布局型。随着现代经济发展，农业生态经济系统中的一些制约因素如交通运输、保鲜、贮藏、加工等能力有了很大改观。健全的销售网络，畅通的商品信息，这些有利条件的存在相对于自然环境引起的产量差异来说就显得不那么重要了。这样，在最优化的自然条件下，根据市场要求就会逐渐形成相应的专业化生产区域。

要想合理地安排农业生态经济系统的内部结构和本地区不同的以种群划分的农业生态经济系统区位结构，农业生产技术必须在生态和经济方面都合理。这就要根据生产技术的需要对各地域的农业生态经济系统进行区划。这是按不同层次分别进行的系统工作，具体进行何种层次的区划，要根据生产技术需要来确定。如果是进行大区域的农业规划，则区划应以全国为范围，具体参与规划的基本单位可以适当地放大（例如省、市、县等）；如果是小地域进行农业生态经济区域规划，则基本分区单位应适当地缩小（如乡镇、村等），这样才能收到理想的效果。

农业生态经济区的划分原则可以分为定性和定量两种。定性的划分方法比较简单，易于掌握和应用，但也有缺点，即人为主观因素影响比较大，科学的定量化分析不够。定量化的划分方法现在应用的还不太多，主要是现行的统计指标不完善，使得定量分析所用的数据缺乏可靠性。

4. 农业生态经济系统的基本矛盾

农业生态经济系统是由生态系统和经济系统相结合组成的复合系统，经济系统对物质和能量的无限需求与农业生态系统物质和能量的有限供给之间存在着矛盾，即农业生态经济系统的基本矛盾。客观地说，生物生产规律是一定的，在这个规律基础上的农业产出是有限的。尽管随着科技发展，人类可以通过科学技术来改变这个阈值，可是科学技术及应用并不是唾手可得、呼之即来的。它涉及很多方面，是一个长期积累的过程，所以不一定能够和经济的需求变化保持一致。并且同一农业生态系统中不同种群的阈值是不同的，同一种群在不同区域内的阈值也可能是不同的。因而，各个区域内的农业生态系统生产供给能力和产出结构各不相同。农业生态系统生产供给的有限性是客观存在的。农业生态经济系统中的另一部分——经济系统中，却由于人口的增长和生活消费水平的提高，呈现出无限的需求。这样，无限的经济需求和有限的生态生产供给之间的矛盾就形成了。由于人口数量的增加，经济需求量和生态供给数量之间的矛盾越发突出。这个矛盾在人们消费水平不断提高的前提下，更多地表现为生态生产供给结构和经济产品需求结构之间的矛盾。

农业生态经济系统的基本矛盾要从农业生态供给和经济需求两个方面解决。从经济需求的方面来讲，解决矛盾的途径就是通过行政和经济政策的措施来抑制需求的过快增长，控制人口增长就是其一。这些措施受社会历史、文化、宗教、风俗习惯等各方面的影响或制约。从这里可以看出行政、经济政策等措施，其时效具有滞后性。我国解决农业生态经济系统基本矛盾的主要措施是提高农业生态供给能力。因此，要随着经济需求的发展适时地提高农业生态系统的生产供给能力，确保农业持续发展。

第二章
东北黑土区农业生产概述

一、东北黑土区农业生产的自然条件

（一）土质特性

黑土地是大自然给予人类的得天独厚的宝藏，是一种团粒子结构、性状好、肥力高、非常适合植物生长的土壤。"棒打狍子瓢舀鱼，野鸡飞到饭锅里"曾是这里生态环境的真实写照。黑土区主要指黑土、黑钙土、暗棕壤、草甸土、棕壤、棕色针叶林土等几种土壤所覆盖的区域，土壤养分储量比我国其他地区高 2~5 倍。东北地区的黑土自东向西分别为草甸淋溶黑土、草甸盐酸黑钙土和典型黑钙土，在排水不良的低洼地区则发育成草甸盐碱土。黑土是温带草原草甸条件下形成的土壤，黑土的土层一般为 30~70 厘米，深者可达 1 米以上，自然肥力高，土壤呈中性、微酸性反应，有机质含量丰富，团粒结构较好，土壤中的水、肥、气、热协调，保墒透水性能好。黑土有机质含量一般高达 10%~20%，开垦较久的土壤亦有 2%~5%；水稳性团粒结构达 50% 以上，即使耕种 20 余年的土壤仍可保持 20%~30%。黑钙土是季节性冻土区半干旱气候条件下地带性土壤，其肥力仅次于黑土，主要分布在松嫩平原西部。黑钙土表层发黑、发暗，下部有一个钙积层，黑土层一般为 20~50 厘米，初垦期有机质含量 6%~9%，耕种 20~30 年后，有机质含量下降到 3%~4%，土壤团粒结构较好，含盐量低，一般小于 0.1%，呈中性至微碱性反应。草甸淋溶黑土是在雨量充沛、植物茂密的条件下形成的，土层厚度一般在 50 厘米以上，甚至有达 1.2 米的，表层腐殖质含量约

10%，团粒结构良好，是最肥沃的土壤，常可耕作多年而不施肥料①。

黑土在未开垦之前，由于腐殖质持水量大，在降水较为集中的季节，土壤含水量较大，滞水性强，土壤通气性不强，冷浆，影响土壤微生物的活动和腐殖质的分解，故虽然潜在肥力高，但是有效肥力并不高。经开垦数代后，土壤中过多的水分逐渐减少，土壤的通气性提高，土温上升很快，土壤微生物的种类、数量和活动强度增加，腐殖质分解加速，有效性营养元素增多，土壤的有效肥力提高，并且高于其他土壤，加之黑土区雨热同期，故而适宜多种作物的生长。

（二）气候条件

东北黑土区幅员辽阔，气候条件冬夏差异较大，属大陆季风性气候，冬季较为寒冷。但是寒冷对东北黑土区农业发展也有一定贡献：从土质的视角来看，寒冷使土地得到休闲，增加了土壤腐殖质，并使黑土变得更肥沃；从防治病虫害的视角来看，寒冷起到了天然的防治作用，减少了农药的使用量，节省了成本，还提高了绿色食品的质量；从农产品贮藏的视角来看，寒冷起到了节省能源作用②。东北黑土区夏季光照充足、热量集中、雨量充沛、日照长、温差大，因而有数百种的优质特色农产品。其中种植最多的是水稻、玉米和大豆，而且水稻和玉米为优质品种，在国际市场上难以被替代。该地区农业开发较晚，在开发初期生态环境未遭破坏，水、土和大气都维持着良好的自然水平，农业生产环境清洁，淡水生态质量全国优良。同时，东北黑土区化肥、农药的施用量也低于全国平均水平。因此，长久以来，该地区所生产的农产品都非常绿色环保。

（三）地形特征与地貌特征

东北黑土区中部是中国最大的平原，利于农业的机械化耕作，外围则被山脉环绕，形成了独特的山环水绕之势，海洋运输便利，水、陆运输均较发达，便于农产品的加工和运输。因此，该地区一直是我国重要的大豆出口基地。大豆出口始于1869年，此后发展尤其迅速，该地区大豆年总产量曾占

---

① 农保中. 近代以来东北平原黑土开发的生态环境代价 [J]. 吉林大学社会科学学报，2003 (9)：62 – 68.

② 王淑华，洪岩，杨柳河. 东北农业发展的自然区位优势 [J]. 黑龙江农业科学，2008 (5)：136 – 138.

到世界总产量的60%～70%，其中90%用于出口。大豆及豆制品成为国际市场上享有盛誉的商品。

（四）水资源蕴藏状况

东北黑土区主要江河包括：松花江、辽河、鸭绿江、图们江、黑龙江、乌苏里江、绥芬河等。全区多年平均降水量6410亿立方米，相应降水深515毫米，地表水资源总量1701亿立方米，地下水资源总量680亿立方米，扣除两者重复量394亿立方米，多年平均水资源总量1987亿立方米，可开发利用的水能资源蕴藏量较丰富。

二、东北黑土区农业生产的总体状况

东北黑土区是我国重要的商品粮生产基地，这使得该地区在我国农业生产及粮食安全方面有着举足轻重的地位。在这里笔者将就东北黑土区的农业发展状况做一些介绍。鉴于东北黑土区的农业结构，其中重点介绍粮食生产状况。

（一）主要作物的品种及产量

东北黑土区是我国重要的农产品生产基地，粮食生产始终保持供大于求的趋势。近几年东北黑土区粮食总产量都在9000万吨以上，约占全国粮食总产量的15%。其中又以玉米和大豆产量最高，玉米年产6000万吨左右，约占全国玉米产量的27%，居全国首位，大豆产量稳定在550万吨左右，约占全国大豆产量的三分之一。东北黑土区历年粮食产量如表2-1所示。

表2-1　东北黑土区粮食产量数据表　　　　（单位：万吨）

年份＼产区	吉林	黑龙江	黑土区
2000	1638	2545.5	4183.5
2001	1953.4	2651.7	4605.1
2002	2214.8	2941.2	5156.0
2003	2259.6	2512.3	4771.9
2004	2510	3135.0	5645.0
2005	2581.21	3600.0	6181.2

（续表）

年份＼产区	吉林	黑龙江	黑土区
2006	2720	3780.0	6500.0
2007	2454	3965.5	6419.5
2008	2840	4225.0	7065.0
2009	2460	4353.0	6813.0
2010	2842.5	5012.8	7855.3
2011	3171.0	5570.6	8741.6
2012	3343.0	5761.3	9104.3
2013	3551.0	6004.1	9555.1
2014	3532.8	6242.2	9775.0
2015	3647.04	6324.0	9971.04
2016	3717.21	6058.5	9775.71

（数据来源于《黑龙江统计年鉴2017》《吉林统计年鉴2017》）

　　从粮食的种类来看，东北黑土区的主要粮食作物为玉米、大豆、小麦、稻谷（包括水稻和谷子等），其中玉米和大豆所占比重较大，过去以高粱为主的粮食生产格局已经被玉米、大豆为主的格局所代替。除了这些主要粮食作物外，还有一些薯类产品。

　　东北黑土区的粮食作物主要分为细粮作物和杂粮作物两类，其中水稻和小麦是细粮作物的两大典型代表，杂粮作物主要有玉米、谷子、大豆。从东北黑土区的两大细粮作物来看，水稻种植主要集中在东北黑土区的鸭绿江和图们江流域，但水稻分布也有向北向西推移的趋势。小麦种植主要集中在生长季较短的北部地区，从省区看主要集中在黑龙江省，历年来都占整个黑土区的90%以上，其中以三江平原、松嫩平原北部和黑河地区最为集中。水稻和小麦的总产量虽不如杂粮多，但其商品率较高，都有极大的发展前途。从东北黑土区的三大杂粮作物来看，其产量合占粮食作物总产量的70%左右。其中玉米是发展最快的作物，种植分布非常普遍，不论是在东部与西部，山区或平原，湿润区、半湿润区或半干旱区，都占很大比重，尤以中部松辽平原最为集中，已成为我国的"玉米带"。东北黑土区的大豆分布以平原地区最多，而北部又多于南部。沈阳以北经四平、长春、哈尔滨到北安的铁路沿线地区，是大豆最集中的产区。从行政区域来看，黑龙江省占整个黑土区大豆产量的80%以上。由于东北黑土区种植大豆的历史悠久，气候和土质条件适宜大豆栽培，加之大豆又是与杂粮结合的理想轮种作物，黑土区又有方便的交通运输条件，大豆生产很有潜力。

（二）主要作物播种面积变化情况

东北黑土区耕地主要分布在东北平原及北部山前台地及蔓延地带，该地区属于寒温带气候，气候干燥寒冷，降雨集中在7~9月，降雨量占年平均降水量的70%左右，雨热同季。这样的气候条件非常适合于谷物和豆类的生长，因此东北黑土区耕种的主要是一茬生的谷物和豆类作物等粮食作物，而薯类、油料、麻类、糖料和蔬菜的种植非常稀少。黑土区种植的谷物主要是稻谷、小麦和玉米，种植的豆类主要是大豆。2016年东北黑土区主要农作物播种面积如表2-2所示：

表2-2　2016年黑土区主要农作物播种面积 （单位：千公顷）

省份＼品种	稻谷	小麦	玉米	豆类	薯类
辽宁	562.5	5.8	2258.9	149.7	106.7
吉林	780.7	0.3	3656.9	328.3	78.2
黑龙江	3203.3	79.7	5217.4	3045.3	216.5

（数据来源于《中国统计年鉴2017》）

（三）粮食产量占全国粮食产量比重

为了进一步了解和认识东北黑土区粮食生产的重要地位，本书统计了近年来东北黑土区的粮食产量占我国粮食总产量的份额，并据此描绘出了下面的折线图（图2-1），以期达到一目了然的效果。可以看出，近年来东北黑土区所生产的粮食在全国粮食生产中所占比例从总体上看是逐步提高的，而且提高的速度比较快，尤其是自2010年以来提高的速度明显加快。至2008年，东北黑土区粮食产量占全国粮食产量的七分之一左右。可见东北黑土区粮食生产在全国的地位在逐步上升，在经济发展中则是一个粮食主产区的地位逐渐巩固的过程。东北黑土区的粮食生产的状况直接会影响到全国的粮食生产和供应，直至关系国家的粮食安全问题。

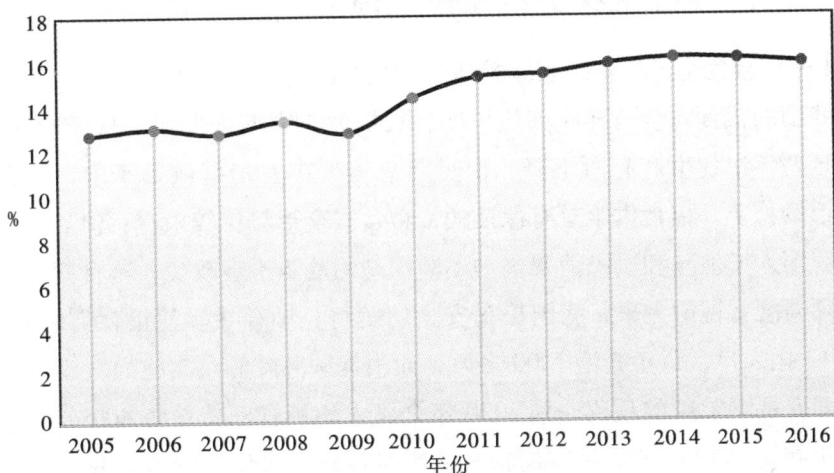

图 2 - 1 黑土区粮食产量占全国粮食产量比例变化趋势

（数据来源于《黑龙江统计年鉴》和《吉林统计年鉴》）

东北黑土区不仅是我国重要的粮食生产基地，也是我国重要的商品粮基地。每年都有大量的粮食销售到全国各地，以满足我国对粮食的需求，为全国粮食市场的稳定做出了很大的贡献。东北黑土区基本上是商品粮的输出地。其中黑土区的吉林省的输出量在 1995—2004 年间基本稳定在每年 1000 万吨左右，相对来说黑龙江省的输出量每年的波动量较大。1997 年高达 2229.6 万吨，2003 年则减少到 1102.82 万吨。从 90 年代初到 2004 年，东北黑土区的粮食商品率呈现波动性的增长。虽然有所波动，但是整体依旧处于增长的趋势。其中黑龙江省的粮食商品率一般在 50% ~ 75% 之间，在 2003 年下降到 49%；吉林省的粮食商品率一般在 50% ~ 70% 之间，值得注意的是吉林省在 2001—2003 年呈现增加趋势，分别增加到 69%、83% 和 84%，所以总的来说东北黑土区商品率是上升的，而且比较高。

改革开放以来，尤其是我国加入 WTO 之后，东北黑土区的粮食出口有了很大发展，这主要归因于农业资源优势——黑土地、廉价劳动力资源以及农产品市场的日益完善。因此，东北黑土区在我国农产品对外贸易领域中占有十分重要的地位。出口的主要粮食品种有大米、玉米和豆类等，销售的地区主要是邻近的国家，譬如韩国、日本、俄罗斯等，欧美市场也有涉足。

三、东北黑土区农业生产的重要地位

（一）粮食生产保障了国家粮食的有效供给

我国的粮食安全情况应该从短期和长期两个方面来考虑。从短期来看，虽然近两年粮食生产有所下降，但目前总体上粮食仍是供大于求，库存充裕，市场稳定，粮食供给是有保证的，粮食安全形势比较乐观；但从长期来看，我国人增地减和居民消费水平不断提高的趋势不会改变，粮食问题始终是必须高度重视的大事，我国粮食安全问题将长期存在。就粮食需求而言，现有 13 亿人口，每年新增 1000 多万，而根据国务院颁布实施的《中国食物与营养发展纲要》的预测，到 2020 年全国人均粮食消费量为 400 公斤，这样每年需新增 50 亿公斤左右的粮食来满足需求；就供给而言，我国耕地面积仅占世界耕地面积的 7%，而人口却占世界的 1/5，人均耕地面积低于世界平均水平。随着工业化、城镇化的推进，建设用地增加，耕地面积逐年减少的趋势不可逆转。我国水资源也不足，人均水资源量约为世界平均水平的四分之一，且地区间分布不平衡。大部分水资源集中在长江流域及其以南地区，而占全国耕地大部分比例的淮河及其以北地区，只占全国水资源的五分之一左右。所以南涝北旱现象十分突出，水旱灾害频繁。而耕地和水资源是制约我国粮食生产的重要因素。因此，从长期来看，我国的粮食安全形势并不乐观，未来的粮食供给能力显得尤为重要。东北黑土区作为我国非常重要的粮食主产区，突出的粮食外调能力在国家未来粮食供给方面起着举足轻重的作用。

（二）黑土资源促使国家藏粮于土的粮食安全策略得以实施

粮食安全保障体系是个系统工程，涉及生产、流通、消费等方方面面。建立与健全粮食安全保障体系的根本动因，在于确保任何时候、任何地方都能够使粮食再生产过程得以顺利进行。这是实现人民生活安定、市场繁荣的基本条件，从而也是经济、社会发展最基本的要求。粮食生产能力无疑是粮食安全最重要的前提。只有在生产能力上得到保障，才能谈及粮食安全问题。而粮食的生产能力要受到化肥投入、播种面积、劳动投入、机械投入、成灾面积与灌溉面积等各个方面的影响。在上述的各个因素中，耕地播种面积对于未来的粮食生产无疑是最具决定性的。因为土地是不可再生的稀缺资源，而其他因素则可以随着经济水平、科技水平的提高有所改变。这样，土地资源在未来粮食生产过程中所发挥的作用就会越来越重要，也是国家未来粮食生产保障体系得以实施的重要因素。

黑土资源自然属性优良，用于农作物生产可以充分发挥其潜力，比其他土壤有更高的生产能力，占国家耕地面积 10% 左右的黑土资源在国家未来粮食保障体系的实施过程中也显得尤为重要。为比较黑土耕地与其他类型土壤的作物生产能力，我们选取大安、德惠、敦化这三个具有不同土壤类型的县市的耕地生产力作对比。大安位于松嫩平原西北部，以黑钙土这一土壤类型为主；敦化市处于吉林省东部山区，耕作土壤以草甸白浆土为主；德惠市位于吉林省中部，处于黑土带内，黑土是其主要耕作土壤。表 2 - 3 为三县市耕地生产力对比表：

表 2 - 3　不同土壤类型耕地生产力对比表

农业分区/代表县	黑土所耕地比例（%）	平均单位面积耕地生产粮食（kg/km²）
大安	0	3134
敦化	3.1	4568
德惠	40.0	5478

［数据参见马艳芬. 东北黑土资源及其农业可持续利用研究［J］. 干旱区资源与环境，2003（4）：24 - 28.］

从上表可以看出，这三个县市的地域相近、气候相同，而由于土壤类型不同，土地的生产力也有所不同。黑土所占耕地比例越高，耕地的单位产量就越高，耕地的生产力也越高。因此，黑土资源是我国的耕地资源中较为珍贵的土壤类型，在未来我国以"藏粮于土"为主的生产保障体系中将会发挥着越来越重要的作用。

（三）粮食生产的季节性是对国家宏观粮食流通的有效调节

粮食生产具有季节性。在短期内，粮食产量对粮食价格的变动缺乏弹性，而粮食价格对于粮食产量的变动所做出的反应却是富于弹性的，这样粮食市场上就会形成"蛛网效应"。这种效应如果扩散开来，势必造成粮食市场秩序上的混乱。由于粮食商品的特殊性，粮食市场秩序的混乱必然对整个国民经济的运行带来极强的破坏作用。因此，政府必须来调节这种粮食市场上的年际余缺。调节年际余缺的方法主要有两种：一是通过粮食储备；二是通过对粮食供给能力的控制，以达到粮食供求的平衡。东北黑土区粮食生产的季节性同其他粮食主产区之间生产周期的不同步性则可以使整个国家粮食供给方面的季节性得到很好的调节。东北粮食生产的季节性与其他粮食主产区的季节性互补，可以在一定程度上熨平我国粮食生产供给的周期性，避免因为粮食市场的"蛛网效应"引起的粮食流通环节的不稳定性。因此，黑土区粮食生产的季节性是国家调节粮食流通的有力保障，天然上就是国家粮食储备调节体系、粮食流通服务体系的有益补充。

（四）粮食供给是稳定全国物价的重要砝码

粮食是人人需要、时时刻刻都离不开的物资。粮食价格关系到以粮食为原料的产品成本。而且粮食在历史上曾经起过特殊等价物的作用，现今与其他商品仍然存在着内在联系。粮价发生波动，其他物资商品价格必然随之波动。粮食与第三产业及劳动密集型生产部门的劳务费用、生产成本、物资消耗支出等也有着直接的关系。在全国粮食产量总体水平频繁波动的今天，东北黑土区的粮食价格凭借黑土区在全国粮食供给中所占比例逐渐增大的优势，对全国的粮食价格，乃至全国其他商品价格的平衡稳定都存在着重要的影响。

（五）黑土区粮食供给是备战备荒战略物资的重要组成部分

当今世界，国际风云变幻莫测，国内自然灾害时有发生，尤其是我国国土面积大，自然地理状况复杂，诸如洪水、雪灾、旱灾、山崩以及地震等自然灾害的发生更是频繁。要预防侵略战争和自然灾害的发生，必须增加粮食物资储备，如果没有雄厚的粮食储备，一旦战争发生就会影响军需供应，一朝发生自然灾害就会影响人民生活，进而影响国家经济建设。因此，只有储备了充裕的粮食，才能足食强兵，在反侵略战争中立于不败之地，在同自然灾害的斗争中掌握主动权。东北黑土区作为我国粮食的主产区之一，在国家粮食物资储备的重任中起着不可估量的作用。例如，在非典时期东北黑土区向广州等南方省市提供了大量的粮食，缓解了这些地区的粮食紧张形势，为地区和国家的稳定做出了贡献。

第三章
东北黑土区农业生产的规模化与市场化分析

一、农业的规模化经营水平不足

（一）规模经营是东北黑土区农业可持续发展的重要前提

1. 规模经营是实现东北黑土区农业组织创新的路径

农业规模经营是农业社会化大生产的一种必然形式，实质是生产集中，即生产过程的社会结合。农业规模经营不管以何种方式进行，都肯定是将现有分散的较小经营联结为一个较大规模的经营。而从经营角度看，生产经营规模的变动总会与一个最佳组织结构、组织制度相配合，从而会引起组织安排及相应的激励机制等方面做出调整。即农业规模经营本身就是一种组织创新路径。目前，东北黑土区现存的农业生产组织形式（家庭承包责任制）还无法适应社会发展的需要。要提升东北黑土区农业经济的发展水平，彻底改变农业生产的组织形式，必须在农业生产组织方式上做出重大变革。规模经营既符合社会化大生产的需要，同时又符合东北黑土区生产组织形式创新的需要，无疑是解决东北黑土区农业经济发展过程中这一矛盾的最佳选择。因此，规模经营是东北黑土区农业组织创新的重要路径。

2. 规模经营是实现东北黑土区农业机械化的路径

东北黑土区作为我国重要的商品粮生产基地，也是我国粮食安全保障体系的中坚力量，发展以机械化为主要特征的现代农业势在必行。东北黑土区地势平坦，集中连片，适合机械化耕作，天然具有发展农业机械化的优势。因此，东北黑土区的农业机械化程度在全国处于领先水平。表 3－1 宏观上反映了东北黑土区农业机械化水平的情况。东北黑土区农用机械拥有量等指标一直居于全国的前列。

表 3-1　农村居民家庭平均每百户拥有主要生产性固定资产数量

机械 地区	农用机械总动力 （万千瓦）	大中型拖拉机 （万台）	小型拖拉机 （万台）	农用排灌柴油机 （万台）
黑龙江	5634.3	101.56	32.76	25.07
吉　林	3105.3	56.00	62.95	26.68
辽　宁	2168.5	24.26	57.00	22.64

（数据来源于《中国统计年鉴 2017》）

　　尽管东北黑土区的农业机械化水平处于全国领先水平，但也只是刚刚跨越农业机械化的初级阶段。因为按照有关学者的研究成果①，把农业劳动力占全体从业人员比重的 40% 定为机械化的初级阶段与中级阶段的分界点，当这一比例小于 40% 时表示进入了农业机械化的中级阶段。而占东北黑土区大部分耕地面积的黑龙江、吉林两省的这一指标值稍微低于 40%，表明东北黑土区处于农业机械化的中级阶段。东北黑土区的农业机械化问题在微观上表现为：农业机械装备结构不合理，大型农机总量不足；未形成产学研相结合的自主创新体系，高新技术的应用与新机具研发相对滞后；农作物播种、耕作阶段的机械化水平较高，而收获阶段的机械化水平较低。

　　东北黑土区的农业机械化水平刚刚跨越初级阶段，主要是由农业规模化经营水平不高造成的。农业经营规模不够，农业经营主体即使拥有足够的资金进行农机方面的投入，但是由于经营规模过小，先进的现代化大型农业机械也无用武之地，农业经营主体宁愿提高耕地的单位机械成本去购买小型的农机具也不会去购买先进的大型农机具。虽然部分农户联合起来以共同促进机械化水平的提高，但也是自愿协商的局部现象，根本无力改变农业机械化的初级状态。反观黑土区部分农场的机械化水平较高，则是由于规模经营水平较高的结果。因此，规模化经营是实现东北黑土区农业机械化的一条重要路径。

---

　　① 杨敏丽，白人朴. 我国农业机械化发展的阶段性研究 [J]. 农业机械学报，2005（12）：167-170.

3. 规模经营是实现东北黑土区农村城镇化的路径

城镇化过程实际上是城市和农村之间的一个协调互动过程。城镇的发展会通过提供就业机会等方式拉动农村经济，促使农村城镇化进程的加快；农村生产方式的变革会改变耕地对劳动力的束缚状态，释放出一定数量的农业劳动力，这些非农人口涌入城市客观上会对城镇规模的扩张起到一定的推动作用。相反，农村经济过于落后本身也会在消费等环节制约着城镇经济的发展，进而阻碍城镇化进程，东北黑土区农村城镇化起步较晚，城镇化水平不高，一方面固然是城镇自身的原因造成的，另一方面也是城乡经济不协调的结果。这样，东北黑土区农业通过规模化经营改变自身的生产效率，盘活农业经济，不仅是农业自身发展的需要，同时也是推进城镇化进程、促进城乡协调发展的需要。因此，规模经营是实现东北黑土区农村城镇化的重要路径。

（二）东北黑土区土地规模经营的经济效益

农业规模经营是个非常宽泛的概念，既包括农业资本投入方面的规模经营，也包括土地方面的规模经营。考虑到东北黑土区农业规模经营的实际，本书这里主要从土地规模经营的角度探讨东北黑土区的农业规模经营效率问题。

1. 土地经营规模与土地产出率

有些学者认为，土地作为生产要素之一也是遵循要素递减规律的，土地的边际产出会随着土地经营规模的扩大而逐渐递减，即土地经营规模与单位产出之间存在着一定的反向关系。其实，要素递减规律并不是绝对限定生产要素投入与单位产出之间的反向关系，而是指要素投入超出一定量之后而发生的现象。要素规模报酬问题也是存在一个先递增后递减的情况，并不能简单地说土地经营规模扩大就会带来规模报酬的递减。土地规模经营出现报酬递减，这不仅取决于不同经营单位的资本、劳动投入量，还取决于技术条件的状况。就目前我国东北黑土区的农业现实来看，劳动力过剩还是一个基本的现实，用要素报酬递减规律来反对土地的规模经营恰恰是对要素递减规律的背叛。中国农业科学院农业经济研究所钱贵霞博士曾对我国粮食主产区的最优土地规模进行过探讨，并得出粮食主产区农户户均经营的最优的土地面积应是 67.81 亩/户，按省别分，黑、吉、辽三省的户均最优土地面积分别是 122.16 亩/户、114.09 亩/户、75.88 亩/户。粮食主产区各个省目前的土地经营规模远没有达到最优状态，需要进行调整，调整的幅度就是粮食主产区户均土地的流转量①。上述研究成果虽然是基于全国范围考虑粮食主产区情况的，不能精确地反映东北黑土区的具体情况，但是也在一定程度上说明了土地经营规模过小的现实，即东北黑土区的土地经营规模还远远没有达到土地边际产出递减的阶段。

为了进一步说明东北黑土区土地经营规模与土地产出率之间的关系，本书将东北黑土区的相关农业指标与规模作业的国有农场进行对比。表 3 - 2 详细地反映了这一情况。从表 3 - 2 可以看出，大规模土地经营的国有农场的粮食作物、棉花等农产品的单位面积产量远远高于东北黑土区内各省（自治区）的平均水平。说明黑土区的土地规模经营水平还远远没有达到最优状态，和大规模土地经营的国有农场相比还没有得到规模经济的好处，土地要素的投入远远没有达到边际产出递减的阶段，土地的经营规模有待于进一步扩张。

表 3 - 2　各地区土地经营规模及单位面积产量情况

地区 指标	辽宁	吉林	黑龙江	内蒙古	国有农场
平均土地规模 （公顷/户）	0.65	1.252	2.08	1.744	2736
粮食单产 （公斤/公顷）	5326	6266	5305	4618	5507
棉花单产 （公斤/公顷）	1099	1229	——	1447	1920

（数据来自《中国统计年鉴 2010》）

2. 土地经营规模与劳动产出率

劳动产出率即劳动力的效率，指单位劳动力可以生产出的农产品数量，也就是通常所说的农产品的人均产出水平。在这里我们先不考虑技术、资本等生产要素对农业生产的影响，只考虑农业劳动力这一生产要素，通过一种

---

① 钱贵霞. 粮食主产区农户最优生产经营规模分析［J］. 统计研究，2004（10）：40 - 43.

可变生产要素的生产函数的产量曲线来解释规模化经营是东北黑土区提高农业劳动力生产率的可行办法。

农业劳动力 L 的投入量和农产品产量 Q 之间的关系可以用公式 $Q = f(L, \bar{K})$ 来表示，则总产量（TP）、劳动力边际产量（MP）、劳动力平均产量（AP）的图形大致如图 3 - 1 所示。

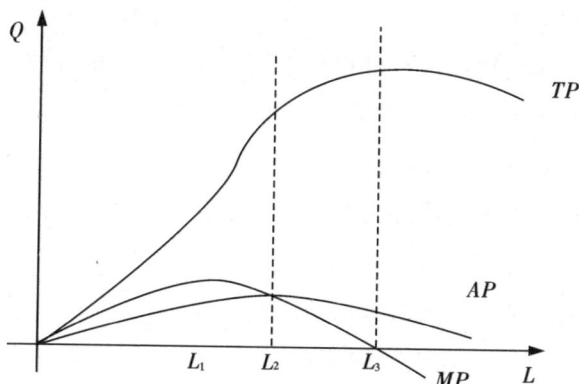

图 3 - 1　总产量曲线、平均产量曲线与边际产量曲线

从图 3 - 1 中可以看出：首先，随着农业劳动力 L 投入量的增加，最初总产量、平均产量和边际产量都是递增的，但各自增加到一定程度之后分别递减，都经历了一个先递增后递减的过程。西方经济学认为，这是由于收益递减规律作用的结果，即在技术和其他生产要素的投入量固定不变的情况下，连续地把劳动力这一要素的投入量增加到一定数量之后，总产量（TP）的增量即边际产量（MP）会出现递减现象。这是因为，在农业生产活动中，可变生产要素与不变要素之间在数量上会存在一个最佳配合比例，当可变要素的投入量超过最佳比例后，可变要素的边际产量会逐渐递减，这说明可变要素的投入相对于不变要素来说已经太多了；其次，MP 曲线和 AP 曲线一定相交于 AP 曲线的最高点，在相交前 AP 递增，相交后 AP 递减；第三，当 $MP = 0$ 时，总产量达到最大。据此，我们把劳动投入分为三个不同的阶段：第一阶段（Ⅰ），是劳动力投入量从零增加到 L_2 这一阶段。在这一阶段，平均产量一直上升，边际产量大于平均产量。这说明增加劳动是有利可图的，这是因为相对于固定的资本来说，劳动量缺乏，所以劳动量的增加可以使资本的作用得到充分发挥。第二阶段（Ⅱ），是劳动力投入量从 L_2

到 L_3 这一阶段。此时，平均产量开始下降，但边际产量仍然大于零，因此总产量仍一直增加，如果为了获得最大的产量，劳动投入量则可以增加到 L_3。第三阶段（Ⅲ），是劳动投入量增加到 L_3 之后这一阶段，边际产量为负数，总产量开始绝对减少，此时劳动投入量是绝对过多。一般而言，劳动（可变要素）投入量到第Ⅱ阶段最合适，但究竟在这一区域的哪一点上，还需要结合成本来考虑。

东北黑土区人均耕地占有量相对于国内其他地区来说较多，其中内蒙古地区人均耕地为 8.72 亩，辽宁人均耕地为 3.25 亩，吉林人均耕地为 6.26 亩，黑龙江人均耕地 10.40 亩，人均耕地占有量均处于全国的前几位①。然而东北黑土区现有的人均耕地占有量相对于劳动力的数量来说，规模还是远远不够的。在东北黑土区的大部分区域内，都存在着大量的农业剩余劳动力，一个家庭的农活一个人做和两个人做没有什么区别，即劳动力的边际产量（MP）几乎为 0，农业生产的劳动力投入量已经接近于上述理论的第Ⅲ阶段。但是，由于各种原因促成的农民对土地的依赖，土地仍然在束缚着农民。因此，只有通过适度的规模经营，使劳动力与土地达到最佳比例才能提高东北黑土区的劳动力生产率。当然，这样会使东北黑土区的劳动力隐形失业公开化，但这也是东北黑土区农业经济发展过程中不可避免的问题。

3. 土地规模经营与农业生产成本

经济人都是逐利的，理性的经营主体是以经济效益为首要目标而不是以产出为首要目标的。因此，在分析东北黑土区的农业生产行为时，不仅要考虑产出量的指标，还要考虑生产的成本方面。如果土地产出率、劳动产出率的提高是由提高成本带来的，也就是以经济效益下降为代价获得的，那么这种增长就是没有效率的。

适度的土地经营规模可以从以下三个方面降低农业生产成本：

第一，适度的土地经营规模有利于单位产品科技应用成本的降低。在前文论及规模经营与农业机械化的关系时也曾谈到，小农户经营不利于农业新科技、新耕作制度的推广。对于只耕种小块土地、种植多种产品的小农户来说，采用新科技、新方式所带来的经济效益并不显著，而学习采用新科技的

---

① 数据来源于《中国统计年鉴 2007》。

成本与风险却并不小，从而缺乏科技创新的动力源泉。而对于适度规模经营的经营主体，其产品商品化率较高，经济效益的观念很强，希望通过科技应用的途径降低产品成本，增强竞争优势。笔者走访了东北黑土区的部分农村，发现了很多的类似现象。例如：在黑龙江省的北安、绥化等地区，小农户很少采用新出现的优良品种，由于其经营规模较小，很少去关心新品种的信息；经营规模较大的种田大户却恰恰相反，很注重新的优良品种的相关信息。

第二，从表面上看，机械性资本需要较多的资金，但并不意味着大规模经营的单位资金成本就比小规模高。土地规模化以后，可以通过提高机械的使用效率降低单位产品的机械资本成本。如在东北黑土区经常出现这种情况：效率低下的小型拖拉机经常闲暇在家，导致农业投入成本浪费严重，而大规模经营农户的高效率的旋耕机等大型农机具却很少闲暇，科技投入成本利用程度较高；小农户经营者因为土地规模狭小，经常进行人工喷洒农药，喷洒效果很差，成本也很高。而大规模经营农户经常用机器喷洒农药，精确度高，喷洒效果很好且成本低廉。

同时，机械资本的替代要素即劳动力成本却并不见得廉价。尽管在现阶段东北黑土区劳动力资源丰富，劳动力仍然是一个比较优势，但这并不代表农产品的劳动成本低。从劳动力的实际投入上看，东北黑土区农业生产的季节性较强，每个劳动力一年只劳动 60 天左右，而其在闲暇之时的生活费用最终也要进入农产品成本，致使单位农产品的成本过高。劳动力的优势实际上已经变成劳动密集型农作物成本高的基本原因之一，只有在那些机械无法介入的产品（如蔬菜等）生产中，农业劳动力优势才能得到发挥。

第三，适度的土地经营规模可以降低单位产品的管理、营销成本。马克思在谈分工协作时曾指出，"协作可以与生产规模相比相对地在空间上缩小生产领域。在劳动的作用范围扩大的同时劳动空间范围的这种缩小，会节约非生产费用，这种缩小是由劳动者的集结、不同劳动过程的靠拢和生产资料的积聚造成的。"[①] 在农业生产领域，土地经营规模的适度扩大就是"劳动者的集结、不同劳动过程的靠拢和生产资料的积聚"的必要条件，也必然

---

① 马克思. 资本论（第 1 卷）[M]. 北京：人民出版社，2018：382.

会节约"非生产费用"即单位农产品的管理、营销成本。农业土地经营规模的适度扩大，虽然会增加总的管理成本、销售成本、仓储成本等，但规模经济的作用会在一定程度上降低单位农产品的这些费用。因为这些费用有些不是随着产量的增长而增长的，或者增长的幅度小于产量的增长幅度。比如在市场交易过程中，小农户与经营大户有时承担的交易费用所差无几，相比之下小农户的交易费用就表现得过高。这不仅表现在农产品的出售上，也会表现在各种生产资料的购买上，从而提高了小农户农产品的管理、营销成本。农业的适度规模经营，可以在一定程度上降低单位产品的成本，从而有利于农业生产经营者经济效益的提高。东北黑土区虽然是一个粮食主产区，但是农业生产还是一个传统状态，农户既是生产主体，同时也是面向市场的营销主体。由于经营规模过小，农户的管理、营销成本无法摊薄，造成了农产品的成本过高，从而影响了农业的经济效益。

综上所述，农业经营的土地规模与土地产出率、劳动产出率和生产成本之间存在着密切的联系，但是这种联系不是非常直接的，更多的是一种间接的联系。土地经营规模主要是通过影响要素的使用效率，通过新的高效率要素的使用来间接作用于农业生产活动。从东北黑土区的农业生产现状可以看出，东北黑土区由于小规模经营的局限性，土地的经营规模还远远没有达到适度的水平，因而农业生产处于一种低效率的状态。

（三）耕地流转是东北黑土区农业规模经营的根本途径

经济全球化的浪潮席卷着地球的每一个角落，庞大的中国经济体在同世界经济接轨的同时步入了后工业化时代。在这个大前提下，国情所决定的耕地资源必须最大限度地集约使用，与后工业化对城市化的影响有着某种契合，客观地要求劳动力资源由农村向城市转移。这也是刘易斯所描述的发展中国家二元经济结构的演进趋势。东北黑土区农业生产要想推行适度规模经营，必然要逐步扩大土地经营规模。因而耕地流转水平不高是东北黑土区农业适度规模经营遭遇障碍的症结所在。解决好耕地流转问题，东北黑土区的农业适度规模经营问题也自会迎刃而解。

1. 东北黑土区耕地流转的特点

从实际上看，东北黑土区的耕地流转行为又存在着以下特点：第一，区域内耕地流转水平参差不齐。在东北黑土区内部，耕地流转水平差异化比较明显，临近大中城市地区的耕地流转水平较高，而偏远农村的耕地流转水平较低。第二，非农户主体也渐渐介入耕地流转市场。在过去的耕地流转市场中，耕地流转只是发生在农户主体之间，流转规模较小，运作程序也不规范；近年来，一些工商企业、事业单位等也进入了耕地流转市场并成为了耕地转入主体，流转行为相对较为规范，也颇具规模。第三，随着农业收益的增加，一些闲置土地也逐渐进入耕地流转市场。过去由于农业的效益低下，有的耕地所有者甚至为了出外务工而把自己的耕地闲置起来，常常出现"抛撂荒"现象；近年来，由于农产品价格上涨，加之政府对农业扶植政策的出台，耕地又逐渐"热"起来，土地承包费也有逐年增加的趋势。第四，耕地流转方式多样化。过去东北黑土区的耕地流转主要以转包为主，而且一年期的短期转包占多数；现今耕地流转方式不只有转包一种形式，还存在转让、互换、入股、租赁、委托代耕等多种形式，并且不断有新的耕地流转方式出现。例如，黑龙江省克山县北联镇、内蒙古赤峰市松山区、吉林省延边朝鲜族自治州依兰镇等地探索土地流转新途径，推行耕地"反租倒包"，即把农民的土地租下来，再返回来雇用农民耕种，农户不仅有了租金收入，每个农民每年还增加了劳务工资。第五，具有长期合同的耕地流转行为不多。现阶段东北黑土区的耕地流转多为短期流转行为，具有很大的不稳定性。由于耕地流转的不稳定性，农户不能针对转入耕地进行长期规划。虽然经营规模有所增大，但依然采取小农经营的模式。

要想促进东北黑土区农业的规模化经营，必须改变现有的耕地流转状态。应该特别鼓励具有长期流转合同的耕地流转行为，进而为规模化经营奠定物质基础。

2. 耕地流转行为的理论解释

在对耕地流转行为展开分析时，理论界多偏向于制度方面的研究，认为现行的家庭联产承包责任制是制约耕地流转行为发生的主要因素，这个理解是有待商榷的。在现行的耕地所有制中，耕地的所有者是有权让渡自身的耕地使用权并获得相应收益的。也就是说在耕地流转过程中合法权利的初始界定是比较明晰的，根据科斯第二定理（反科斯定理），只要产权清晰，相关当事人可以通过谈判和协商来消除有害的外部影响，以达到资源的有效配置。我国学者林毅夫也曾证实承包责任制下只要农户之间存在土地边际收益的差异，理性的农户就会自发地进行耕地交易。因此，本书把家庭联产承包制作为可能产生更高的交易成本的因素考虑进来，从传统的生产要素定价理论入手全面地描述耕地流转行为。如无特殊标注，本书所说的耕地的供给与需求都指耕地使用权的供给与需求。

（1）农业微观经营主体的生产行为分析

假定农业微观主体从事生产活动时投入三种生产要素：劳动（L）、土地（N）、资本（K）。其生产函数为 $Q = f(L, N, K)$；生产成本函数为 $C = c(L, N, K)$；交易成本函数为 $T = t(L, N, K)$。在农产品价格为 p 时，农户的利润最大化生产行为可以表述为：

$$\pi_{max} = p \times f(L, N, K) - c(L, N, K) - t(L, N, K) \qquad 3.1$$

在方程 3.1 内分别对 L、N、K 求偏导数，得到农业微观主体的利润最大化条件为：

$$\begin{cases} MR_L = MR_N = MR_K \\ MRP_L = MFC_L + MT_L \\ MRP_N = MFC_N + MT_N \\ MRP_K = MFC_K + MT_K \end{cases} \qquad 3.2$$

公式 3.2 中 MR_L、MR_N、MR_R 分别为劳动、土地、资本三要素的边际收益；MRP_L、MRP_N、MPR_K 分别为劳动、土地、资本三要素的边际收益产量；MFC_L、MFC_N、MFC_K 分别代表劳动、土地、资本三要素的边际要素成本；MT_L、MT_N、MT_K 分别为劳动、土地、资本在要素市场上的边际交易成本。

设要素市场和产品市场都为完全竞争市场，劳动、土地、资本的价格分别为 R_L、R_N、R_K，则有 $MFC_L = R_L$，$MFC_N = R_N$，$MFC_K = R_K$。于是公式 3.2 表示为

$$\begin{cases} MR_L = MR_N = MR_K \\ p \times MP_L = R_L + MT_L \\ p \times MP_N = R_N + MT_N \\ p \times MP_K = R_K + MT_K \end{cases} \qquad 3.3$$

其中 MP 代表要素的边际生产能力。公式 3.3 可以从厂商理论的角度对

完全市场条件下耕地等生产要素的流转行为做出合理的解释。当耕地等生产要素的流转符合上述条件时，农业微观经营主体的利润水平达到最大化，不会发生要素需求的重新配置，即流转行为不会发生。当上述平衡条件遭到破坏时，耕地等生产要素就会在不同的主体之间重新配置，以达到新的平衡状态。

通过上述分析可以看出，厂商视角下耕地资源趋向集中的条件是：

第一，耕地的边际收益产量大于其边际要素成本与边际交易成本的和，即：$MRP_N > MFC_N + MT_N$；在要素市场和产品市场都为完全竞争市场时表现为 $p \times MP_N > R_N + MT_N$。

第二，耕地与其他生产要素相比，具有更高的生产能力，即 $MR_N > RM_L$ 或者 $MR_N > MR_K$。

（2）耕地流转市场的均衡

虽然在多要素生产的条件下，耕地的需求曲线由于替代效应和产出效应的影响不再是耕地边际收益产量曲线的向下倾斜部分，但耕地的需求量还是与地租存在着反比关系，在本书所设计的图形上表现为向右下倾斜的曲线，如图 3-2 中 D 所示。图 3-2 中纵坐标 R 代表地租，横坐标 Q 代表耕地数量。

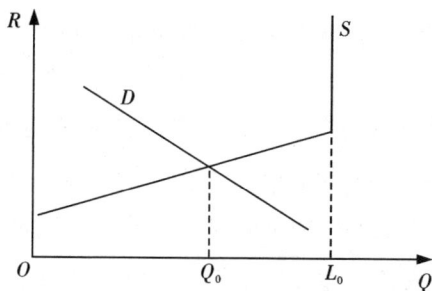

图 3-2　耕地流转市场均衡

在西方经济学中，与其他生产要素的供给情况不同，短期内土地的供给常常被假定为固定不变，即土地的供给弹性为零。而在我国现阶段的耕地流转市场上，这个限定显然是不成立的，因为从耕地流转的现实来看，只有很小比例的耕地发生了耕地流转行为，并且耕地的转出主体也是在充分考虑了耕地转出将获得的收益后，决定是转出耕地还是自己耕种土地。就是说现阶段的耕地流转市场上的土地供给是带有弹性的，在耕地资源没有百分之百参加流转行为之前，耕地的供给曲线和其他商品的供给曲线一样具有正的斜率，当地租上升时供给增加，反之供给减少；当耕地资源全部参与流转市场后，耕地的供给量达到最大限额，供给弹性为零，供给曲线处于垂直状态。耕地供给曲线形状如图 3－2 中 S 所示。

在一个完全竞争的要素市场上，要素的均衡价格和均衡数量是要素供给量和需求量相等时的价格和数量，其原因与商品市场上的均衡是一样的。因此，耕地流转市场上的均衡如图 3－2 所示，均衡价格和均衡数量即为 S 与 D 的交点。Q_0 为耕地市场均衡时的耕地流转规模。

从均衡理论可以看出，耕地流转市场的均衡流转规模是耕地供求共同作用的结果。这与上面所论述的厂商视角下的耕地集中条件也是相一致的。因为当上述厂商视角下耕地趋向集中的两个条件得到满足时，对耕地的需求有所增加，表现为需求曲线 D 向右移动，形成大于均衡流转规模 Q_0 的新的耕地流转均衡规模[①]。虽然耕地转出主体也受交易成本 MT_N 的影响，但是交易成本对流转双方主体的影响是同向的，因此不会对厂商视角下耕地资源趋向集中的条件产生影响。

（3）非农产业收益对耕地流转市场均衡的影响

耕地流转是微观农业经营主体追逐收益最大化的结果。农户的收益可能来自系统外部，并且耕地转入主体也并不局限于农业系统内部，因此对耕地流转行为的研究不能局限于农业系统内部，还应考虑到非农产业收益水平（第二、三产业收益水平）。在耕地流转市场上，理性化的转入主体、转出主体做出经营决策选择时，会根据收益最大化原则决定是从事农业经营还是非农活动。对于耕地流转双方主体来说，非农产业收益像农业收益的替代品一样时刻影响着其经营决策行为，即非农产业收益对耕地的供求双方都存在着影响。当非农产业收益高于农业收益时，耕地转出主体保留其耕地使用权的机会成本增加，从而会增加耕地的供给。此时，耕地转入主体的投资机会

---

① 虽然厂商视角下耕地趋向集中的两个条件得到满足情况下，耕地转出主体会考虑保留土地，即会减少耕地供给，但是现阶段的耕地转出主体一般耕地规模较小，主要考虑的是非农产业收益对其的影响。因此这里忽略了上述两个条件对耕地供给的影响。

成本也在增加，从而减少了耕地的需求；反之当非农产业收益低于农业收益时，耕地转出主体更愿意自己来耕种土地甚至变为转入主体，这样会减少耕地的供给并且增加耕地的需求。可以看出，非农产业收益对耕地流转市场均衡交易量的影响是不确定的，具体情况要视耕地的供给与需求对非农产业收益反应程度（即弹性）的大小而定。下面分两种情况加以讨论。考虑到现阶段耕地流转水平不高的现实，这里只选取耕地供给曲线的倾斜部分进行分析。

第一，供给的非农产业收益弹性大于需求的非农产业收益弹性。本书设计的图 3 – 3 说明了当供给的非农产业收益弹性大于需求的非农产业收益弹性时，非农产业收益对耕地流转市场均衡的影响。图 3 – 3 中纵坐标 R 代表地租率，横坐标 Q 代表耕地数量。由需求曲线 D_0 与供给曲线 S_0 决定的均衡交易量为 Q_0。当非农产业收益提高时，耕地的供给增加，S_0 向右平移至 S_1，耕地的需求减少，D_0 向左平移至 D_1，耕地市场达到新的平衡状态。由于供给的非农产业收益弹性大于需求的非农产业收益弹性，S_0 的平移距离大于 D_0 的平移距离，这时新的耕地均衡交易量为 Q_1，并且 $Q_0 < Q_1$；同理，当非农产业收益降低时，耕地的供给减少，S_0 向左平移至 S_2，耕地的需求增加，D_0 向右平移至 D_2，耕地市场达到新的平衡状态，这时的耕地均衡交易量为 Q_2，并且 $Q_0 > Q_2$。

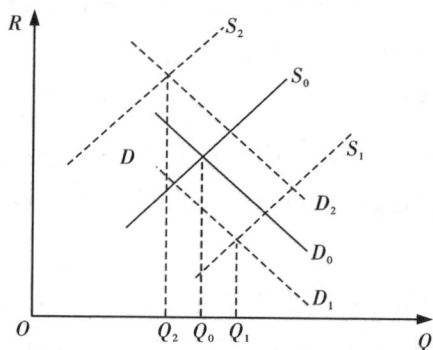

图 3 – 3　供给非农产业收益弹性大于需求非农产业收益弹性

第二，供给的非农产业收益弹性小于需求的非农产业收益弹性。本书设计的图 3 – 4 说明了当供给的非农产业收益弹性小于需求的非农产业收益弹性时，非农产业收益对耕地流转市场均衡的影响。图 3 – 4 中纵坐标 R 代表地租率，横坐标 Q 代表耕地数量，由需求曲线 D_0 与供给曲线 S_0 决定的均衡

交易量为 Q_0。当非农产业收益提高时，耕地的供给增加，S_0 向右平移至 S_1，耕地的需求减少，D_0 向左平移至 D_1，耕地市场达到新的平衡状态。由于供给的非农产业收益弹性小于需求的非农产业收益弹性，S_0 的平移距离小于 D_0 的平移距离，这时耕地均衡交易量为 Q_1，并且 $Q_0 > Q_1$；当非农产业收益降低时，耕地的供给减少，S_0 向左平移至 S_2，耕地的需求增加，D_0 向右平移至 D_2，耕地市场达到新的平衡状态，这时的耕地均衡交易量为 Q_2，并且 $Q_0 < Q_2$。

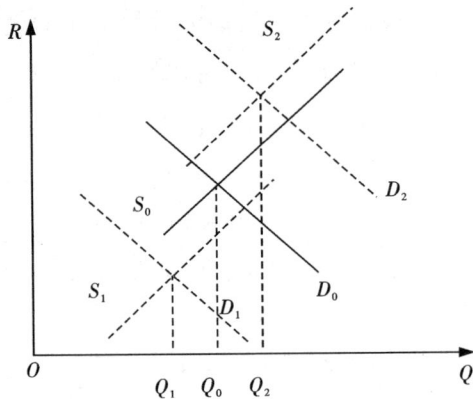

图 3 - 4 供给非农产业收益弹性小于需求非农产业收益弹性

通过非农产业收益对耕地流转市场均衡影响的分析可以看出，非农产业收益促进耕地要素趋向集中的条件是：当供给的非农产业收益弹性大于需求的非农产业收益弹性时，提高非农产业收益有助于耕地均衡流转规模的增加（图 3 - 3 中表现为 $Q_0 < Q_1$）；当供给的非农产业收益弹性小于需求的非农产业收益弹性时，非农产业收益偏低有助于耕地均衡流转规模的增加（图 3 - 4 中表现为 $Q_0 < Q_2$）。

3. 东北黑土区耕地流转行为的影响因素

通过对耕地流转行为的理论分析可以看出，耕地流转是一个系统问题，而不是一个线性问题，要促进耕地流转水平的提高，必须考虑到耕地的边际收益产量、地租、交易成本和非农产业收益等各个因素。其中边际收益产量是耕地产出能力与农产品价格的综合表现形式，而地租是耕地流转主体双方共同博弈的结果，为不可控的因素。因此本书这里就农产品价格、耕地产出能力、交易成本和非农产业收益四个因素结合东北黑土区农业发展的实际展开探讨。

（1）农产品价格

农产品价格是商品市场上农产品的供与求共同作用的结果，也在一定程度上反映了微观农业主体的经营收益情况。当农产品市场不存在价格管制时，微观农业主体的产品实现是完全面对市场的，其产品个别价格的高低也是对其是否顺应市场导向的一种检验。黑土区地处经济欠发达的东北地区，计划经济思维对农业的影响还在一定范围内存在，农户对市场的反应能力较差，种植结构单一。东北黑土区的粮食作物主要是大豆、玉米这两种作物，这种单一的种植结构必然导致农产品积压，造成农产品供大于求，农产品价格水平较低。进而在 MP_N、R_N 与 MT_N 不变的条件下，$p \times MP_N > R_N + MT_N$ 这一条件很难实现，从而阻碍了耕地流转水平的提高。

（2）耕地产出能力

耕地产出能力是指单位耕地要素的投入引起产量的增加，即边际生产能力 MP。产出能力的高低主要受土地肥力、耕作技术两个因素的制约。耕地作为一种稀缺的生产要素并不是同质的。马克思在谈到级差地租时指出，等量资本在等面积的各级土地上使用时所产生的不同效果是由两个和资本无关的一般原因造成的，其一便是肥力。东北黑土区虽然拥有得天独厚的黑土资源，但耕地肥力下降现象却很明显。主要表现为两个方面：一是耕层变浅。例如黑龙江北安分局赵光农场、齐齐哈尔分局克山农场，垦前黑土层厚度一般都在 1.5 ~ 2.0 m，现在平均不足 60 cm。二是耕层土壤个别养分下降。如吉林省德惠市 1983 年耕地土壤的有机平均含量为 2.343%，2006 年检测的有机平均含量为 2.230%，下降了 0.11 个百分点。[①] 耕地肥力下降主要是由水土流失等自然因素和不合理的垦殖、施肥制度等人为因素造成的，其直接后果就是耕地产出能力的下降。此外，耕作技术对产出能力的影响也很重要。自从耕地包产到户以来，东北黑土区的农业一直处于一种小农经营模式，这种生产模式与机械化是相互排斥的。而且这种生产模式下，农业基础设施的投入主要靠个体农户，致使耕地的基础设施非常薄弱，耕地的有效灌

---

① 丁铁成，张兴昌，高照良. 现阶段中国耕地资源持续利用的基本原则及途径分析 ［J］. 产业与科技论坛，2009（4）：38 - 44.

溉面积等远远达不到现代农业发展的要求。例如 2000 年的旱灾致使吉林省的受灾面积达到 57%。根据吉林省农业厅的相关估算，旱情至少造成 35 亿公斤的粮食损失。耕地肥力下降、耕作技术低下造成耕地生产能力大幅下降，在农产品价格不变时表现为耕地边际收益产量的降低，致使耕地的需求减少，从而限制了耕地流转水平的提高。

（3）交易成本

交易成本的构成，一般包括发现交易对象和交易价格的费用，讨价还价的费用，订立交易合同的费用，执行交易的费用，监督违约并对其制裁的费用等，与交易规模的大小存在着正比关系。何坪华等曾将上述费用划分为策划市场交易成本、执行市场交易成本、监督市场交易成本三个方面，并分别进行了阐述。东北黑土区的耕地流转市场处于起步阶段，单位交易成本偏高主要是由三个方面促成的：首先，家庭联产承包责任制造成的耕地条块分割状态。东北黑土区人均耕地面积 5.5 亩左右，而农户家庭内部成员所承包耕地的位置又处于非集中状态，不便于农户统一来进行耕地流转，加大了耕地流转双方的交易成本；其次，耕地流转中介市场的缺失。课题组走访了东北黑土区的部分农村，发现耕地流转的形式主要以耕地流转双方主体的直接洽谈为主，缺少必要的中介组织，增加了双方主体的策划交易成本；再次，耕地转出主体基于土地保障功能产生的"安土"意识。"安土"意识是指农户对土地过分依赖的一种心理。东北黑土区农村社会保障体系还不完善，耕地供养是许多农户的主要保障途径。这种情况往往造成耕地交易之前需对耕地转出主体进行说服，增加了耕地流转市场的策划交易成本。交易成功后，违约现象也比较普遍，增加了耕地流转的监督交易成本。交易成本 MT_N 的增加，在 MRP_N、MFC_N 不变的情况下，使 $MRP_N > MFC_N + MT_N$ 这一条件很难实现，从而遏制了耕地流转水平的提高。

（4）非农产业收益

从前面的理论分析可以看出，分析非农产业收益对耕地流转规模的影响，应从对耕地供给与需求的非农产业收益弹性的判断入手。东北黑土区耕地流转现实证明，耕地供给与需求的非农产业收益弹性是不同的，并且耕地供给的非农产业收益弹性大于耕地需求的非农产业收益弹性。理由有二：其一，耕地转入主体的平均收益水平大于耕地转出主体的平均收益水平。因为现阶段东北黑土区小农经济的生产规模远没有达到最佳的农业生产规模，没有得到规模经济的好处。而耕地流转以后，转入主体从事农业经营可以发挥规模经济的优势。因此，耕地转入主体的平均收益水平高于转出主体的平均收益水平，接近甚至高于非农产业收益水平。这样，耕地转入主体受非农产业收益水平的影响没有转出主体反应的那么强烈，即相对来说耕地需求的非农产业收益弹性较小。其二，东北黑土区农村经济基础薄弱，很多的转出主体因没有必要的资本同耕地等生产要素结合进行农业生产而转出耕地，他们更愿意通过打工等方式投入到第二、三产业中去，只是苦于没有相对稳妥的劳动力转移途径来获取非农产业收益。当非农产业收益发生变动时，这些耕地转出主体反应相对灵敏，表现为耕地供给的非农产业收益弹性大于耕地需求的非农产业收益弹性。依据前面的推论，当供给的非农产业收益弹性大于需求的非农产业收益弹性时，提高非农产业收益有助于耕地均衡交易量的增加。这可以解释为什么东北黑土区非农产业相对发达的城市郊区的耕地流转水平高于欠发达农村地区，也可以解释为什么非农产业相对发达的东南沿海地区尽管耕地资源的分布相较于东北黑土区更为松散，而耕地流转水平却和东北黑土区不相上下。东北黑土区第二、三产业相对落后，非农产业收益水平不高，耕地流转水平不高，也是对这一理论的支持。

4. 促进东北黑土区耕地流转及农业适度规模经营的建议

耕地流转问题实质是耕地使用权的重新配置问题，在耕地要素没有完全参与流转之前，应放弃流转市场上耕地供给弹性为零这一假设，从供给与需求这两个角度全面地分析耕地流转行为，并应考虑农业系统外的非农产业收益对耕地流转行为的影响。也就是说，在耕地流转市场上影响耕地供给与需求的因素及农业系统外影响非农产业收益的因素都将影响耕地流转水平的提高。结合东北黑土区农村经济发展的具体现实，本书给出提高东北黑土区耕地流转水平的建议如下：

（1）保证农产品价格高位实现

由于农业产品的需求弹性较小，农业经营过程中增产不增收的情况时有发生。因此，东北黑土区只有面向市场从事生产，积极拓宽销售渠道，才能使农产品的价值得以顺利实现，即农产品价格在高位实现，进而在耕地产出能力不变的前提下提高耕地的边际收益产量，刺激农业主体转入耕地，发展适度规模经营。

（2）增强耕地产出能力

在农产品价格不变的情况下，增强耕地产出能力是提高耕地边际收益产量的又一措施。通过基础投入和科技投入的增强，耕地单位产出能力不断提高，进而增加了耕地这一要素的边际收益产量，使耕地转入主体的转入动机得到了很好的满足，进而刺激了耕地流转规模的扩大，土地要素进一步集中，适度规模经营得以顺利进行。

（3）完善耕地流转中介市场

交易成本是耕地流转过程中一个不可忽视的重要因素，不论对于耕地转入主体还是对于耕地转出主体来说，过高的交易成本都会弱化甚至扼杀他们的流转动机，进而阻碍耕地流转水平的提高。因此，为了促进耕地流转水平的提高，东北黑土区应建立规范有序的中介市场，减少耕地流转的策划市场交易成本和执行市场交易成本，积极完善农村社会保障体系，降低耕地转出主体对土地的依赖程度，以减少耕地流转行为的监督市场交易成本。

（4）拓展农业劳动力的非农产业就业渠道

现阶段，东北黑土区的耕地流转水平不高的一个重要因素就是劳动力非农产业就业渠道闭塞。有相当一部分农民有脱离耕地的意愿，却没有非农产业就业机会，从而基于维持生存的需要不能转出手中的耕地使用权。因此，只要拓展农业劳动力的非农产业就业渠道，改善耕地转出主体的非农产业收益水平，就能促使其脱离耕地要素，增加耕地的供给，使耕地流转水平和农业规模经营水平得到提高。

总之，耕地流转水平的提高会加速耕地的集中过程，为东北黑土区农业的适度规模经营提供物质基础保障。在农业土地平均利用规模扩大的情况下，农业机械化、农业科技化等才会有进一步的发展，从而提高单位耕地的利用水平，促进农业效益的提高。

二、农业的市场化经营水平较低

（一）农业市场化是实现农业可持续发展的必然选择

1. 农业经营市场化是提高农民生活水平的路径

党的十一届三中全会以后，在党中央的积极支持和大力倡导下，家庭联产承包责任制逐步在全国推开，既发挥了集体统一经营的优越性，又调动了农民生产积极性，是适应我国农业特点和当时农村生产力发展水平以及管理水平的一种较好的经济形式。家庭联产承包责任制及其他各项改革措施极大地解放和发展了农村生产力，使农村市场经济体制框架初步建立起来，粮食和其他农产品生产大幅度增长，农民收入显著增加，生活水平明显提高。但随着改革开放的不断深入及市场经济的确立与慢慢成熟，这一制度已略显老态。家庭承包责任制对于现代化大生产来说，只是一种低级的农业经营体制，不能有效解决小农生产与大市场接轨问题，很难适应市场经济的需要。当年的制度优势不复存在，已呈现出诸如信息通道闭塞、要素市场欠发达、劳动力转移难等一系列的问题，这些问题渐渐成为了制约进一步解放和发展农业生产力的瓶颈，并且都源于农业经营的市场化水平不高。由此可见，只有加快推进农业市场化建设，才能有效突破制约农业经济发展的瓶颈，促进农业经济健康发展，提高农民的生活水平。

2. 农业市场化是提高农业劳动生产率的路径

农业劳动生产率的提高在一定程度上是生产手段现代化的结果。长期以来，在我国农业现代化进程中，比较重视的是生产手段现代化，如以农业机械化、科技化、水利化等为主要追求目标，而对制度现代化（农业市场化）却重视不够，以至于在我国农业生产手段取得一定进展时并未改变小农体制，从而影响了农业劳动生产率的提高。事实上，只有以生产手段现代化为基础，再辅之以制度现代化，即在生产手段现代化基础上进行农业市场化改革，才能促使农业劳动生产率真正提高。因此，农业市场化是提高农业劳动生产率的路径。

3. 农业市场化是提高农产品竞争力的路径

加入世贸组织对我国农业发展来说是一把双刃剑，既有利于我国农业的扩大开放，但也有可能演变成国外农产品的大量进口，进而对国内农业生产造成冲击性的伤害。解决这一问题的关键是农业应该怎样面对国内与国际两个市场从事生产，提高农产品的竞争力。如何趋利避害，把不利影响降到最低限度，并抓住机遇加快发展，切实提高我国农产品的竞争力，是一个紧迫课题。我国农业微观经营主体文化素质不高，农业自身积累能力弱，生产经营规模小且分散，市场综合竞争能力不强，面对入世后的冲击，农业生产者不仅需要国家提供公共基础服务，更需要政府提供有效的制度安排，无论是农村经济管理体制还是农村社会组织形式，都需要进行深刻变革。解决好这些问题，最关键、最根本的举措就是大力推进农业市场化建设，通过建立和完善农村市场经济体制和运行机制，促进农业和农村经济资源的优化配置，全面提升农村市场主体的素质，面对两个市场进行生产，从而提高农产品的市场竞争力，以利于农业经济的持续发展。

（二）现阶段东北黑土区小农经济的市场属性

1. 现阶段东北黑土区小农经济基本性质的判定

前文曾多次提到小农经济的概念，其实小农经济并不是一种相对于自然经济、商品经济而言的经济形态，而是一种以个体劳动为基础的经营方式。传统社会的小农经济是小农业与家庭小手工业的紧密结合，表现为以性别为分工的男耕女织。传统的小农经济构成了封建农耕社会的基础，由于没有过多的剩余产品进行交换，基本上属于自然经济的范畴。现阶段东北黑土区的小农经济虽然还是以家庭为生产单位的小农经营状态，但其是否还属于自然经济的范畴，与市场经济是否抵触，对这些问题认识的不同将导致不同的农业政策，搞清楚这些问题也是对东北黑土区小农经济进行改造及推进农业市场化建设的前提与基础。

（1）现阶段东北黑土区小农经济基本特征

现阶段东北黑土区的小农经济不同于传统意义上的小农经济，有其新的特征：

第一，农用土地的所有权属集体所有，但农民具有使用权，且这种使用权具有一定的商品性。农户虽然不是土地的所有者，但是可以在一定的条件下出让这种使用权从而获得一定的收益。在小农经济体中存在着一批靠地权私有维持生存和政治统治特权的地主阶级。

第二，生产规模小，家庭是基本的生产单位和经济单位。在东北黑土区地域范围内，除部分国有农场外，基本上都是家庭内部劳动力在小规模的土地上从事农业生产活动，产出所得的分配也是以农户家长的意见为主。

第三，生产技术、手段有所改进，但是还没有达到现代农业的要求。现阶段东北黑土区范围内畜力耕耘日渐稀少，劳动手段基本上以小型拖拉机等农机具为主。虽然劳动手段以农机具为主，但都是比较低级的小型机械动力，远远没有达到农业机械化的状态，更谈不上达到现代农业的要求。

第四，生产的目的主要是为了交换。东北黑土区的小农经济已经脱离了自给自足的状态，生产的目的不是为了满足自身的需要，而是依据自身有限的经验及信息对市场做出预测，以此来指导自身的生产活动。农户自身的生活资料基本上是从市场上获得的，有时家庭自身产出的农产品即使是家庭所需要的，如玉米、水稻等粮食作物，一般也都是卖掉自己的初级产出品然后再从市场上购得加工后的制成品。

第五，生产略有剩余，但进行扩大再生产很难。笔者走访了东北黑土区的部分农村，发现部分农户处于简单再生产状态，每年的产出在抵消投入成本及家庭成员的生活费用等支出之后所剩无几。而另一些农户虽然农业生产略有积累，但是由于承包土地规模的关系，还是不能扩大生产规模即仍处于简单再生产的状态。农户产出规模的增加基本上都是农业科技的贡献，由于农业科技进步缓慢，农户自身积累能力的提高也相对显得缓慢。

（2）自然经济与商品经济的概念及基本特征对比

在人类社会的历史上，分工发展的第一个阶段是自然分工阶段。自然分工首先是反映人们按性别和年龄的差别，在纯生理的基础上产生的劳动分工。而与自然分工相适应的则是自然经济。自然经济也叫自给自足经济，是指为了满足生产者家庭或者经济单位的直接消费而进行生产的经济形式；随着生产力的发展，人口的增加，分工的范围也逐渐扩大，在自然分工的基础上逐渐形成了社会分工。所谓社会分工是超越一个经济单位的社会范围的生产分工。与社会分工相适应的则是商品经济，即直接以市场交换为目的的经济形式，包括商品生产和商品流通。商品经济的产生和存在的一般条件有两个，即社会分工与生产资料的私有制。

自然经济与商品经济是相互对立的两种经济形态，是与不同的生产力水平相联系的，也具有不同的特征：

第一，自然经济是自给自足的经济，商品经济本质上是交换经济。自然经济中社会劳动产品的绝大部分都是为了满足生产单位内部的直接生活需要而生产的，生产的目的是为了获得产品的使用价值，私人劳动直接表现为社会劳动；而商品经济社会中，商品生产的目的是为了获得商品的价值，并通过市场交换来实现。

第二，自然经济是封闭型经济，商品经济是开放型经济。在自然经济社会，人们只局限于一个狭小的生产范围，生产规模狭小，生产工具简单，生产技术落后，劳动生产率的高低主要取决于自然环境条件，生产者很少与经济单位之外发生经济联系，处于封闭状态；而商品经济是以社会分工为基础的，在经济生活中，生产者之间、生产单位之间存在着千丝万缕的经济联系，并且这种联系随着商品经济的发展日益密切。

第三，自然经济是保守型经济，商品经济是开拓进取型经济。自然经济条件下，由于社会分工不够发达，生产者之间的联系较少，在信息闭塞的情况下科学技术不能很好地传播，生产者也很容易不思进取满足于现状，使社会经济的发展处于停滞或爬行状态；而商品经济条件下，生产者为了在竞争中处于有利地位，必然开拓进取，致力于技术的改进和管理的改善，以降低商品的个别价值从而获得更多的经济利益。

第四，自然经济是以简单再生产为特征的经济，商品经济以扩大再生产为特征。自然经济条件下，由于生产力低下，生产所得仅够满足自身的消费需要，即使在传统社会里特权阶级对生产者剩余进行压榨，也要受到生产力水平低下、产出不多的限制。也就是说自然经济基本上是以简单再生产为特征的经济；而在商品经济社会里，由于生产力水平的提高及社会分工的进一步细化，生产者有了一定的积累能力，有能力也愿意把原有的生产规模扩大，以期个人利益的最大化，从而表现为扩大再生产的特征。

（3）判定东北黑土区小农经济性质时应注意的问题

小农经济是个非常宽泛的范畴，在不同的经济时代表现为不同的特征，在不同的社会表现为不同的经济性质，因此对东北黑土区小农经济性质的认识要慎重，应注意以下几点：

第一，东北黑土区现阶段的小农经济与封建社会的小农经济的区别。东北黑土区现阶段的小农经济与封建社会的小农经济虽然都是小农经济，但是由于生产力发展水平及所处社会性质的不同，其经济性质也是不同的。在封建社会，小农经济是与封建土地的私有权联系在一起的，并且构成了封建农耕社会的基础，小农经济的本质是封建地主阶级对农民阶级的压迫与剥削。而东北黑土区现阶段的小农经济则是建立在土地所有权集体所有制基础上的，虽然在一定程度上存在着人多地少的矛盾，但也是由我国的基本国情决定的，并不反映剥削与被剥削的阶级关系。因此，在对东北黑土区小农经济的性质判定时，不能把东北黑土区现阶段的小农经济与封建社会的小农经济相混淆。

第二，在理论上要把小农经济同自然经济的联系和区别搞清楚。自然经济同小农经济是两个不同范畴的概念，从联系上讲，小农经济与大农经济是两个相互对应的概念，主要的衡量标准是经营主体规模的大小，即经营的主体是"小农"还是"大农"。小农经济有可能是自然经济，具有自然经济的某些特征，但决不能说小农经济就是自然经济；而自然经济是与商品经济相对应的概念，两种经济形态是分别与不同水平的生产力相适应的，两者的主要区别在于生产的目的是否用于交换及是否有积累剩余用于扩大再生产的能力。

第三，小农经济结构与生产力水平并不等同。小农经济结构与生产力水平具有一定的联系，因为小农经济结构体现了一种生产要素的配置结构，本身在一定意义上也可属于生产力水平的范畴。但严格来讲，二者又有着根本的区别。生产力水平是指人们在生产活动中改造自然的能力，以生产工具的先进与否来衡量其水平的高低，代表着人与自然界发生的关系，体现着一种生产要素的转换能力，即将自然资源转换为满足人的需要的能力；而小农经济结构实质上是一种生产要素的配置结构，这种经济结构模式的出现很大程度上取决于资源禀赋状况及人口数量的情况。因此，小农经济结构与生产力水平二者体现着不同的实质内涵，不能把二者等同起来。

（4）东北黑土区现阶段小农经济的基本性质

从东北黑土区现阶段小农经济的特征可以看出，东北黑土区现阶段的小农经济具有自主经营、自负盈亏的经营机制，它必须与市场联系进行商品交换才能维持和扩大再生产，具有明显的商品经济的特征。然而在某些方面也表现为自然经济的特征，如由于生产规模很难扩大，生产者很容易不思进取满足于现状，呈现简单再生产的特征，这主要是由人多地少的经济现实所决定的。因此，东北黑土区的小农经济是一种特殊的商品经济，或者说是一种二重性的经济。因为，商品经济与自然经济的性质虽不相容，但并不排除二者的某些特征可以存在于作为一种生产经营方式的小农经济中。鉴于上述缘由，本书认为东北黑土区现阶段的小农经济是简单再生产基础上的自然商品经济，体现着一定程度的市场属性。

2. 农业市场化对农户决策行为影响的微观分析

农户作为农业生产活动中的微观经营主体，对市场价格等市场信息的反应能力不仅取决于自身的素质，还取决于市场的成熟程度。只有在市场化程度较高的条件下，农户作为农业微观经营主体才能根据自身掌握的足够充分的市场信息组织生产。为了说明农户在市场化不同程度下的决策行为，本书构建了一个简单的模型对农户的生产决策行为展开分析。

模型构建如下：

假设1：农户的生产行为完全不受政府的干涉，只生产两种产品，一种为不需急切面向市场的生存性商品，主要指粮油等土地密集型产品（简称粮食产品），另一种为需要急切走向市场的现金产品，主要指蔬菜等劳动密集型产品（简称现金产品）。粮食产品受市场化程度影响较小，或者市场出售或者农户自己储存，而现金产品则受市场化程度影响较大，当年生产必须当年出售，否则产品的价值会损失巨大。

假设2：农户只具有劳动（L）和土地（D）两种生产要素，并且生产中可以相互替代。为了实现自身收益的最大化，农户把这两种要素合理地分配到粮食产品生产 F（L_1，D_1）和现金产品生产 G（L_2，D_2）中。并且两个生产函数都是一阶导数大于零二阶导数小于零，$D = D_1 + D_2$，$L = L_1 + L_2$。

假设3：两类产品的市场价格分别为 P_1 和 P_2。R 为市场化水平，取值在 [0，1] 范围内，$R = 0$ 表示市场化程度最低，生产处于自给自足的状态，$R = 1$ 表示市场化程度处于最高的状态，即产品在市场上的交易可以瞬间完成，完全不存在滞销的现象。W 为市场工资水平，Y 为市场地租水平。

农民的收入水平表示为：

$$I = P_1 \times F\,(L_1,\ D_1)\ + R \times P_2 \times G\,(L_2,\ D_2)\ -\ (L_1 + L_2)\ \times W - (D_1 + D_2)\ \times Y \tag{3.4}$$

根据收益最大化的条件，把上式分别对 L_1、L_2、D_1、D_2 求偏导数：

$$\frac{\partial I}{\partial L_1} = P_1 \times \frac{\partial F}{\partial L_1} - W = 0 \tag{3.5}$$

$$\frac{\partial I}{\partial L_2} = R \times P_2 \times \frac{\partial G}{\partial L_2} - W = 0 \tag{3.6}$$

$$\frac{\partial I}{\partial D_1} = P_1 \times \frac{\partial F}{\partial D_1} - Y = 0 \qquad\qquad 3.7$$

$$\frac{\partial I}{\partial D_2} = R \times P_2 \times \frac{\partial G}{\partial D_2} - Y = 0 \qquad\qquad 3.8$$

由公式（3.5）和公式（3.6）可以推出：

$$P_1 \times \frac{\partial F}{\partial L_1} = R \times P_2 \times \frac{\partial G}{\partial L_2} \qquad\qquad 3.9$$

由公式（3.7）和公式（3.8）可以推出：

$$P_1 \times \frac{\partial F}{\partial D_1} = R \times P_2 \times \frac{\partial G}{\partial D_2} \qquad\qquad 3.10$$

当 $R = 0$ 时，生产处于自给自足状态，既不存在商品市场，也不存在劳动力市场和土地流转市场，$W = 0$、$Y = 0$，农户的收益水平公式简化为 $I = P_1 \times F\ (L,\ D)$，收益最大化的条件则简化为 $\frac{\partial F}{\partial L} = \frac{\partial F}{\partial D} = 0$，这也是农户只能生产生存性产品情况下的利润最大化条件。

当 $R = 1$ 时，则可得出农户利润最大化条件为：

$$P_1 \times \frac{\partial F}{L_1} = P_2 \times \frac{\partial G}{L_2},\ P_1 \times \frac{\partial F}{D_1} = P_2 \times \frac{\partial G}{D_2}$$

上面两式变形后可以得出：

$$\frac{\frac{\partial F}{\partial L_1}}{\frac{\partial G}{\partial L_2}} = \frac{P_2}{P_1},\ \frac{\frac{\partial F}{\partial D_1}}{\frac{\partial G}{\partial D_2}} = \frac{P_2}{P_1}。即\ R = 1\ 时，农户的两种要素资源的最优配置条$$

件为：

$$\frac{\frac{\partial F}{\partial L_1}}{\frac{\partial G}{\partial L_2}} = \frac{\frac{\partial F}{\partial D_1}}{\frac{\partial G}{\partial D_2}} = \frac{P_2}{P_1} \qquad\qquad 3.11$$

公式（3.11）的结论表示，当 $R = 1$ 时，农户要素资源配置的最优条件是：同一种生产要素在两种产品生产上的边际产量之比等于两种产品价格的反比。

从上面的理论推导过程中可以得到结论如下：

第一，从公式（3.9）和公式（3.10）可以看出，农户对自身拥有的劳动力与土地两种生产要素的配置不仅要受两种要素在两个生产函数中边际产量和两种商品价格的限制，同时也要受 R 值大小的限制。也就是说，市场化程度的高低是影响农户生产决策行为的一个非常重要的因素。

第二，由公式（3.9）和公式（3.10）可以推出，$R = \dfrac{P_1 \times \dfrac{\partial F}{L_1}}{P_2 \times \dfrac{\partial G}{L_2}} = \dfrac{P_1 \times \dfrac{\partial F}{D_1}}{P_2 \times \dfrac{\partial G}{D_2}}$，

即 R 与 $P_2 \times \dfrac{\partial G}{L_2}$、$P_2 \times \dfrac{\partial G}{D_2}$ 成反比。表明在市场化程度较高的情况下，农户会把更多的生产要素资源用于效益较高的现金产品生产。

（三）东北黑土区农业经营市场化进程的现状评价

1. 农业市场化进程已取得的主要成就

一般认为，一个经济实体的市场化程度在 0～15% 为非市场经济，市场化程度在 10%～30% 为弱市场经济，市场化程度在 30%～50% 为转轨中期市场经济，市场化程度在 50%～65% 为转轨后期市场经济，市场化程度在 65%～80% 为欠发达市场经济或相对成熟市场经济，市场化程度在 80% 以上为发达市场经济或成熟市场经济。根据南开大学陈宗胜教授的研究，在 1994 年我国农业整体市场化的水平就已经超过了 60%，达到了 64.66%。按照这一标准推算，我国目前的农业市场化程度应该超过 80%，达到了发达市场经济状态。其实，农业市场化程度的测算是一个复杂的工作，由于选取指标的不同，相应的结果也会产生不同的偏差。因此，笔者更相信华中农业大学经贸学院戴晓春的修正分析结果，我国目前农业市场化程度在 60% 左右，处于转轨后期市场经济状态。另根据王维的研究成果，2003 年黑龙江省的农业市场化水平接近于戴晓春计算的全国平均水平，市场化程度在 52.5% 左右。综合上述研究成果，本书估计东北黑土区目前市场化程度基本上处于 50%～65% 的范围内，即处于转轨后期市场经济状态。

从对东北黑土区目前农业市场化程度的判断可以看出，东北黑土区的农业市场化的程度虽然没有达到 80% 以上的终极状态，但是经济转轨以来农业市场化的推进工作也取得了一定成绩。如下：

（1）摆脱了计划经济时期农产品价格形成机制

中华人民共和国成立初期，考虑到国内经济现实的需要，以及国家当时积极发展工业政策的需要，国家对农产品实行计划定价。东北黑土区作为全国重要的粮食生产基地，当然避免不了"剪刀差"政策的影响。当时在东北黑土区，农户的产出要交够国家的粮食任务，留足自己的"口粮"，剩余的才能以"溢价粮"的形式自主决定售出。二十世纪八十年代初期，由于技术条件等因素的限制，农产品的产出不多，东北黑土区的农户在留足"口粮"之后基本所剩无几，根本没有能力出卖"溢价粮"。直到二十世纪九十年代，随着改革开放的推进及农产品产量的逐步增加，农户才有了在市场售出自己部分产品的能力。至 1998 年前后，东北黑土区基本上终止了计划定价的农产品任务摊派制度，农户可以完全自主地作为一个市场主体参与到农产品交易中来。现阶段，黑土区的农产品交易基本上实行了不限价格、不限种类、不限数量、不限交易形式、不限经济性质和自由议价、自由交易、自由进出、自由批发、自由贩运的政策，农产品交易基本上实现了市场定价机制。

（2）农业生产逐渐向外向型转化

改革开放以来，我国大力发展外向型农业，农业对外开放取得了可喜成就。尤其是我国加入 WTO 之后，东北黑土区的粮食出口贸易有了很大发展，这主要归因于农业资源优势——黑土地、廉价劳动力资源以及农产品市场的日益完善。因此，东北黑土区在我国农产品对外贸易领域中占有十分重要的地位。出口的主要粮食品种有大米、玉米和豆类等，销售的地区主要是邻近的国家，譬如韩国、日本、俄罗斯等，欧美市场也有涉足。

（3）市场主体日趋多元化

在改革开放前的东北黑土区，农户没有自主生产和经营的权利，农户并不是主要的微观农业经营主体，而是作为生产队的一名成员负责落实组织上规定的生产任务，更谈不上面向市场进行生产，因而广大农民的生产积极性受到了强烈的限制。改革开放后，区域内摒弃了人民公社"政社合一"的农村计划经济体制，实行了以家庭承包经营为基础、统分结合的双层经营体制，使亿万农民成为了独立的商品生产经营者，为发展农业市场化准备了最基本的市场主体。而近年来，通过对农村经济体制进行一系列改革和积极进行农业对外招商引资，进一步形成了国有经济、集体经济、个体私营经济、外资经济等多元化的市场主体通过多种经营形式、多种流通渠道发展农村市场经济的局面。市场主体的日趋多元化在很大程度上加速了东北黑土区的农业市场化建设进程。

（4）交易对象日趋多样化

没有要素市场的建立和发育，就不能有效地利用农产品间和地区间的相对比较优势促进农业生产效率的提高，因而健全农业生产要素市场是农村市场体系建设的重要组成部分。东北黑土区相对于东南沿海地区来说，市场化改革进展得较缓，并且对于东北黑土区的内部来说，农业市场化建设也存在一定的不均衡性。农业市场化改革的初期，东北黑土区的农产品市场发展较快，远远地超过了农业生产要素市场的市场化进程。在要素市场上，农户面对的只是单一的国有销售主体，单一的要素品种。农户要获得必要的种子、化肥等生产资料，只有通过国营经销单位才能获得。由于这种卖方垄断，致使农户在要素市场上处于一种被动的劣势，自然地导致农户生产成本偏高，严重地挫伤了其经营的积极性。近年来，随着农业市场化的推进，这一问题得到了充分的解决。农户不再是农业要素市场上的弱势群体，拥有了一定的选择权，可以根据自己的实际情况去购买适用的种子、农药、化肥等生产资料。不仅如此，东北黑土区农业要素市场的快速发展还表现在土地、劳动力等生产要素也进入了要素市场进而成为了被交易的对象。在二十世纪九十年代初，东北黑土区的农业要素市场上根本看不到土地、劳动力等生产要素的交易，即使经营主体有对土地、劳动力等生产要素的强烈需要，也是通过协商、置换、帮工等方式实现，而不是通过市场交易来实现。因此，近年来东北黑土区的农业要素市场不论是在农业要素种类上还是在交易对象上都有了一定程度的改观，从而保证了区域内农业市场化的顺利推行。

2. 推进农业市场化的障碍

尽管东北黑土区在农业市场化的建设过程中取得了一定的成绩，但是我们应该看到其农业发展还是处于转轨后期的市场经济状态，距离高度发达的农业市场化经济状态还有很长的一段路要走。并且在农业市场化的进程中还存在一系列的障碍因素，这些障碍严重地制约了东北黑土区农业市场化进程的推进。

（1）农业市场体系发育不健全

农业市场体系是指在农业系统内部分工的基础上，由各类市场组成的一个有机联系的整体，包括农产品市场、生产资料市场、劳动力市场、金融市场、技术市场、信息市场等，它们之间相互联系、相互制约，推动整个农业经济的发展。培育和发展统一、开放、竞争、有序的农业市场体系，是保证农业市场化得以顺利进行的必要条件。农业要素资源的流通不畅是当前阻碍东北黑土区农业发展的一个迫切需要解决的问题。要素资源流通不畅的一个重要原因是农业市场体系不健全，要素市场有了一定发展但还不完备，特别是科技、金融、信息等服务要素市场还未真正形成，直接影响到了农村的生产要素流动和农业资源的优化配置。例如，市场化农业的推进需要不断地根据国内外市场调整生产结构，必然刺激农业微观经营主体多样化的金融需求。而国有的商业银行、政策性银行已经退出农村金融领域，无力直接延伸到最基层去顾及农户的金融需求。作为农村主要金融机构的农村信用社由于激励机制欠缺和管理控制不力等缺陷，具有强烈的行政依附性，难以满足农业市场化对其多样化的融资要求。加之东北黑土区农村资金外流现象十分严重，剩余劳动力及农业先进技术与资本结合困难，严重制约了区域内农业市场化的进程。在东北黑土区现阶段，农户等经营主体在自有资金不足的情况下获得资金的主要渠道是申请信用社贷款，而这种贷款多附带短期、限额、联保、抵押等一系列的条件，很难满足农户的融资需求；东北黑土区服务性市场欠缺的另一表现是技术市场和信息市场的发展滞后。在东北黑土区范围内，技术市场、信息市场基础建设差，市场制度不健全，管理和收费环节过多，不能及时准确地为市场主体提供相关的交易信息及科技信息，不能很好地实现为农业市场化配套的服务功能，从而限制了区域内农业市场化的发展。

（2）逆市场行为突出

在农业市场化的过程中，农户作为一个市场主体，其从事农业生产的目的是实现自身收益的最大化，本质上是一种逐利行为。政府作为一个权力机构，其对农业进行的引导性调控则表现为对农业经济效益的一种分利。在农业市场化的过程中，政府行为和农户行为有时是互相替代的，有时则是互补的。如果政府不是作为市场秩序的一个内在参与者推动农业创利增加，那么政府的分利行为必然表现为一种外在于市场的掠夺性的侵权行为。可见，在农业市场化的进程中把政府的作用和个人的行为结合起来，形成一种合力，是至关重要的。而在东北黑土区内，农业的产供销、内外贸由不同的单位管理，不能形成合力。各单位为了自身利益，往往阻碍有关政策的实施。而且村委会作为农业市场化管理的一级政府，管理手段单一，主要依靠行政手段进行，常常违背农民意愿和市场规律。农户常常需要完成上级有关部门布置的种植计划，甚至被要求完成规定种植的种类和品种，无法独立进行生产经营决策。促成这一现象的直接原因是村委会及其承担的代理职能。村干部主要由政府任命，因此追求政治利益最大化是他们的主要工作目标，而把全体农民形成的集体利益放在了次要位置。由于他们的薪酬等待遇是由上级规定并分配的，而与农民的意志和集体的业绩并不挂钩，村干部缺少为农民形成的集体追求利益最大化的动因，因此，其在市场经济中为农民服务的意识和行动的主动性显得不足。政府的逆市场行为不仅表现为对农户经营行为的干扰，甚至还表现为对区域内统一市场建设的破坏。如通过各种地方保护措施阻止其他省份的农产品、农副产品进入本地市场等。

政府职能促成的逆市场行为自然地导致农户等农业微观经营主体对政府服务功能认识的模糊，及对政府的不信任。这种态势对东北黑土区农业市场化建设的影响十分深远。笔者走访了吉林、黑龙江两省的部分农村，并针对农户面对生产困难时的决策行为及对政府工作方法的认识状况做了一个调查，其结果如表3-3和表3-4所示：

表3-3 面对生产困难时农户决策调查表

农户决策	样本户数	占比/%
寻求政府组织帮助	118	15.67
寻求邻居、亲友帮助	451	59.89
寻求其他方法	184	24.44
样本总数	753	100

表 3 - 4　农户对政府工作方法的认识情况

农户认识情况	样本户数	占比/%
强制下达任务	429	56.97
宣传说服	71	9.43
提供服务	239	31.74
其他方法	14	1.86
样本总数	753	100

从表 3 - 3 和表 3 - 4 的调查结果可以看出，政府的管理职能及其行为方式促成的逆市场行为导致了农户对政府的不信任。这个问题已经成为了东北黑土区农业市场化进程中的一个严重障碍。

（3）农户主体市场意识薄弱

农业市场化水平的提高需要农户成为市场中独立的利益主体，但是在东北黑土区现阶段，由于种种主客观因素的影响，特别是自身素质的局限，农户并没真正成为独立的利益主体和市场主体。东北黑土区农户素质欠缺表现在三个方面：一是文化素质欠缺。东北黑土区从事农业生产的农民年龄大部分都在 40 ~ 50 岁之间，而由于历史的原因，东北黑土区 40 ~ 50 岁这个年龄段的农民群体的文盲率是相当高的。由于文化素质的缘故，农民在农业生产过程中经常会犯很多的错误，如在喷洒农药时看不懂农药喷洒说明书，先进农业技术不会应用等。二是市场意识欠缺。在市场经济中，农业生产是以市场信息为导向的，而农民群体由于文化素质、传统计划经济残余意识等多方面的影响，市场意识淡薄，不能真正做到以市场为导向来组织农业生产。农户市场意识较弱的最明显标志就是决策盲目、生产单一、产品趋同，跟风式的农业投资方式，其结果也多成为市场盲目性的牺牲品。三是法律意识欠缺。农村相当一部分农民的法律意识淡薄，当受到侵害时不知道运用法律手段保护自己。这些问题的存在导致东北黑土区现阶段的农户创新能力不强，固守于传统农业的耕种方式，不愿采用新的播种方式、耕作技术等，严重阻碍了东北黑土区农业市场化的建设进程。

（4）农业经营风险化解途径缺失

农业风险主要是指农业生产过程中所面临的不确定性及因此可能造成的

损失。在农业生产过程中，经营主体所面临的风险抛却政策风险不谈，主要还有两种风险，即农业的自然风险和农业的经济风险。农业的自然风险来自自然界与农业生产相关的灾害性因素，如气候、病虫等自然灾害；农业的经济风险一般是指在农业生产和农产品销售过程中，由于市场供求失衡、农产品价格波动、经济贸易条件等因素变化产生的影响，或者由于经营管理不善、信息不对称、市场前景预测偏差等导致农户经济上遭受损失的风险。其中，价格波动是影响农业生产的重要因素，这种影响既可能是农业生产所需的生产资料价格上涨，又可能是农产品价格的下跌，还可能是农业所需生产资料价格上涨的幅度高于农产品价格上涨的幅度。这三种情况均可使农业生产经营者蒙受经济损失。东北黑土区的农业自然风险主要来自于水灾和旱灾，冰雹、霜冻等其他自然灾害相对于这两种自然灾害来说并不经常发生。

由于特殊的气候原因，东北黑土区农业生产的经济风险较大。东北黑土区气候寒冷、干旱，农作物生长期较短，每年只能进行一茬耕作，农业生产季节性较强，因此生产决策与产品销售在时间上被分割，两者之间存在着一个时间差，由此导致了农产品价格调节的滞后性，农业经营受农产品价格波动影响很大，价格波动风险遂成为最主要的农业经济风险。并且，生产较强的季节性致使农产品的生产经营性资产利用率较低，从而降低了农产品的市场竞争力，进一步强化了农业的市场风险。

（5）产权制度阻碍耕地资源优化配置

东北黑土区的土地要素市场虽然有了一定发展，但是离发达的市场化水平还有很长的一段路要走。尽管《土地承包法》已经从法律上明确了农民承包土地的权利，但集体、农民的所有权与经营权的准确划分不够具体，致使东北黑土区现阶段农民的土地财产权不完整。这种不完整主要表现在三个方面：首先，农民真正的经营自主权没有得到保障。村委会作为土地的集体所有者的代表，可以随时干预农民的自主经营，往往土地权利的含金量越高，土地的所谓集体所有权就越在实际上转化为干部的支配权；其次，农民对土地的有限使用权具有一定的不稳定性。现阶段，虽然东北黑土区的农村都在积极贯彻"土地政策三十年不变"的方针，但是"土地政策三十年不变"不等同于"土地三十年不变动"。考虑到区域内各省市的实际需要及出生、死亡等人口变动情况，地方上普遍采用"机动地"的形式进行土地使用权的分配。虽然按照人口平均分配的耕地量不会有太大的变动，但是农户可能会在每 3~5 年的微调周期分到不同的"机动地"，这种土地使用权的短期性严重影响了土地要素的市场化流转；最后，农民对自身拥有的土地使用权的流转要受到一定条件的限制。例如东北黑土区的部分农村规定，集体所有的农用土地不得转租给集体之外的农户或城镇户口人员。基于上述三种情况，东北黑土区的农村土地资源不能根据市场原则流转，农户不能自主地配置土地，土地作为农业生产的一个要素还不能完全适应市场化发展的需要，从而成为了农业市场化的最大障碍，致使农业的特质没有根本改变。

（6）农业相关法律建设落后

法律是由国家制定并由国家强制力保证实施的行为规范。任何社会生产活动只有在法律的规范、引导、制约和保障下才能顺利进行、发展和壮大。同样，市场化农业的推进也需要相应的法律规章以规范农业生产各环节的经济活动。虽然我国现有的无论是生产经营制度、流通制度方面的，还是分配制度方面的农业法律建设，都取得了实质性的进展，但就农业立法整体来说，仍然非常薄弱。农业立法不仅种类有限、覆盖面窄，而且规格普遍偏低。许多方面的法律、法规严重短缺，严重阻碍了农业市场化的进程。这些问题至今仍没有得到很好的解决。例如，土地使用权的主体、地位、界限、获取与转让的法律程序、法律形式及法律保护手段问题；规定农业生产经营主体的地位、权利和义务的法律、法规还很单薄，对新生主体的保护立法缺失问题；农业生产资料价格管理和农产品价格保护问题等。东北黑土区作为一个农业主产区，农业经济实践经验相对丰富，在现实中暴露出来的农业法律问题也多，如大量农田"撂荒"和实现农业劳动力的有序转移问题，维护市场交易秩序和农产品流通的保护问题，农业专业经济组织合法性和农民权益保护问题等。尽管区域内省、市、自治区的地方立法机关和政府针对东北黑土区农业法律建设薄弱的现状都出台了一系列的地方性法规和规章，但是这些地方性法规和规章具有浓重的计划管理的色彩和痕迹，并且政策性、原则性较强，规范性和可操作性较差。因此，区域内的农业法律建设则显得更加薄弱，迫切需要采取必要的立法措施。

（四）推进东北黑土区农业市场化建设的对策

基于东北黑土区农业市场化发展过程中所遇到的障碍，为了更好地应对经济发展的全球化趋势和加入 WTO 带来的国内市场环境的变化，以便进一步推进区域内的农业市场化进程，东北黑土区在今后的农业经济工作中应着重做好以下几个方面的工作：

1. 大力发展服务性市场

在经济全球化进程加快和科学技术迅猛发展的形势下，农业市场体系建设是农业市场化的基本保障，是增强宏观调控能力的迫切需要。东北黑土区要做好农业市场体系的建设工作，就是要保证农业生产所需的各要素和农产品都能顺利地进入区域内的市场。首先，应在科学规划的基础上，扩大农村专业市场规模，改善硬件设施，强化规范管理，培育区域性的专业农产品批发中心，通过政策引导和壮大以批发市场、专业市场、生产要素市场为骨干的市场体系建设。正确处理批发市场与零售市场、综合市场与专业市场、产地市场与销地市场的关系，使之相互衔接、优势互补，充分发挥市场体系的整体效能；其次，有计划、有步骤地建立农产品期货市场。农产品在期货市场中的位置举足轻重，不管是国际还是国内，期货市场的发展都从农产品开始。期货市场是现货市场高度发展的产物，大宗农产品的现货市场是期货市场发展的基础。在市场经济高度发达的今天，农产品现货市场的发展也依赖于完善的期货市场。东北黑土区要想健全市场体系及提高区域内的农业市场化水平，必须用农产品期货市场辅助现货市场的健康发展，做到二者之间的相互促进，进而为区域内农业市场化的建设打下坚实的基础；再次，在家庭联产承包责任制的基础上逐步引导农民走上新的合作和联合，建立起能够真正代表农民利益的农村市场中介组织。在保证市场中介组织继续发挥家庭联产承包责任制优势的同时，将农户的经营行为纳入到有组织、有规模的市场经济活动中去，促进农业市场化的发展；最后，充分重视资金、技术、信息等服务性要素市场的发展。针对东北黑土区目前资金、技术和信息等要素稀缺的实际状况，需进一步转变观念、解放思想，为这些要素市场的培育和发展创造良好的政策和社会环境。通过政策的调整激发各种经济主体多渠道筹集资金、多途径应用和推广农业科技的积极性和主动性。通过各项措施的完善，鼓励开发先进适用的农业新技术，鼓励采用技术承包、技术转让、技术入股等形式活跃技术要素市场。

2. 调节逆市场行为

改革开放以来，国家逐步改革了对农业的管理方式，初步形成了运用经济、法律和行政等手段管理农村经济的宏观调控体系。但是，我们应该更清醒地看到，东北黑土区作为一个农业资源较为丰富的地区，农村经济远远落后于城市经济的现实。这就要求我们必须进一步转变政府职能及管理方式，加强对农业经济的支持和管理力度，调节逆市场行为，提高区域内部的农业市场化水平，以促进农业经济的快速发展。推进农业的市场化，不是不需要政府的推动，关键是政府的推动应该符合市场经济的基本原则。从目前东北黑土区农业经济发展的实际需要来看，政府应把服务的重点放在编制规划、强化管理和完善社会化服务体系等方面，充分发挥"监督、协调、指导"作用，实现市场机制与政府职能的互补。政府必须按照市场经济规律的要求，切实转变职能，理顺不同经济利益主体间的经济关系，严格市场的检查监督工作和市场体系建设。不能违背市场机制运行的内在要求，更不能强制采取行政、计划手段干扰市场机制的运行，而应该为农业市场化水平的提高创造良好的运行环境，建立农业发展的保护机制。需要着重指出的是，现阶段东北黑土区地方政府应改革和完善现行农业管理体制，避免政府内部各部门之间相互扯皮，形成农业市场化进程中的合力。并且应取消区域内主要农产品流通的垄断性限制，加快农业机构的改革和完善，建立高效、协调的农业管理行政机制，打破地方保护主义的壁垒，促进区域内统一市场的形成。

3. 培养农业微观经营主体的市场意识

近年来，东北黑土区农民的市场观念有了一定提高，这是区域内农业市场经济实践发展的结果。但是也应看到由于区域内市场经济水平还有待进一步提高，农民的市场观念也比较淡泊。并且当前东北黑土区农村多数农民受教育水平不高，加之小农经济的分散经营状态，这也阻碍了其对日新月异的市场环境和市场观念的理解和把握，难以及时捕捉市场信息，把握市场行情，合理安排生产。为此，在东北黑土区农业市场化的进程中，地方政府必须加大农村教育投资和市场经济理论宣传的力度，争取最大限度地提高区域内农业从业人员的人力资本积累水平。首先，确保区域内农村义务教育的顺利开展。教育是促进农村人力资本水平提高的最基本手段，也是其他人力资本积累方式的基础。只有通过系统性的教育，受教育者才能更好地具备学习所需技术、知识的能力。政府应加大对农村地区的教育投入，特别是中小学义务教育的投入，以期从根本上改变农村人力资本积累不足的现状；其次，做好各种形式的宣传教育工作，切实转变农民落后的思想观念，增强其市场意识、竞争意识、开放意识和效率观念，促使农户摒弃守旧的传统农业思想，积极参与到市场竞争中来；再次，通过农业技术培训班、科普下乡、农业引资开发、农村科技示范户等形式，鼓励农民自发对农业知识、科学管理知识和市场经济基本知识进行学习，培养一批先进技术应用者，提高农民的科技水平，为实施区域内农业市场化提供智力支持；最后，利用大众传媒和新媒体技术宣传农业科技和市场经济基础知识，联合农业科研院所、企业和新闻出版部门有计划地宣传农业科学技术，以适应当前农户对农业科技文化更广泛层次上的需求。

4. 建立农业保障体系

近年来东北黑土区各种自然灾害造成经济损失的事实说明，一旦出现险情，一方面农民本身束手无策，另一方面政府要投入大量的资金给予支持，这样给地方财政造成了巨大的压力。而目前东北黑土区范围内的农业保险业务规模远远不能满足广大农村对保险的需求。特别是近年来，随着农业产业结构的调整、规模经营的发展和产业化步伐的加快，农业在高投入、高产出的同时也伴随着高风险。区域内越来越多的农民盼望农业保险能为自己的生产、生活带来保障。然而，由于农业保险产品是介于私人物品和公共物品之间的一种准公共产品，进而导致农业保险是一项点多面广、投保额小而分散的保险业务。分析表明，大多数农业保险产品存在高风险、高成本、高赔付等问题。由于目前大多数农民的收入水平不高，虽有投保愿望，但缺乏投保资金，因而投保的积极性不高。面对开展农业保险存在的这些"先天性困难"，需要地方政府和保险部门高度重视，要加快农业保险的改革，要支持、鼓励保险公司开发更多的保险品种，要引入再保险机制建立高效的农业保险体系。同时，需要建立农业保险补贴机制，加大保费补贴力度，建立巨灾风险保障基金，构建政策性农业保险体系，借以调动农民的投保热情和保险公司开展农业保险的积极性。在保险实施方式的选择上，一方面应强化宣传手段，另一方面应区别情况，对种养殖业等风险较大的农业业务应强制保险，对其他险种采取自愿方式。在农业保险发展模式上可以进行多种尝试，既可以由商业保险公司代办农业险，也可以设立专业性农业保险公司，还可以尝试设立由地方财政兜底的政策性农业保险公司或者引进外资保险公司。总之，针对东北黑土区农业市场化进程中农业风险缺乏疏导途径的现实，要想方设法地确保区域内农业保障体系的建设工作得以顺利展开，进而降低农业风险，保证东北黑土区农业市场化的顺利进行。

5. 盘活土地要素市场

现阶段东北黑土区农村的土地资源实行集体所有，农户等农业主体享有经营权。但是这种经营权的配置方法仍然是通过行政手段来实行，并不是依靠市场机制来实现的，农民凭其集体成员身份享有土地承包经营权。当农民家庭增加人口时，农民可以凭借其集体成员身份分享土地承包经营权，而不会通过市场交易向其他农户购买土地承包经营权。这种土地使用制度公平有余而效率不足，生产率很低，农民没有剩余，商品率较低，与市场的相关性不强，严重阻碍了农村土地资源的优化配置。因此，要盘活东北黑土区的土地要素市场必须在集体与农民之间的土地承包经营关系中引入市场机制。地方政府应根据本地的资源禀赋条件及土地、资本和劳动力三大要素的对比关系，积极培育农村土地要素市场，实现农村土地权利的可交易化，形成土地使用权有效率的市场化流动，而不是现阶段这样对土地使用权流转做出一系列的限制。应在稳定土地承包制的基础上，在坚持自愿、有偿的原则下建立合理的土地流转补偿机制，积极促进转包、反租倒包、入股合作等土地流转方式的实现，逐步提高农用土地的市场化流转水平，促使农业土地资源优化组合，使土地逐步集中到一部分种田能手手中。在将来条件允许的情况下，可对区域内农用土地的经营权做出进一步的改革，以适应农业市场化不断发展的需要。只有这样才有可能盘活区域内的土地要素市场，促进土地要素市场化，进而推动农业市场化的发展。

6. 加强法律建设工作

由于历史的原因，东北黑土区地方政府对农业的指导和管理长期以来主要是依靠政策和行政手段。在农村和农业工作中一直存在着重政策、轻法律的倾向，明显地忽视了法律对农业发展的保障和促进作用。在农业市场化的历史潮流下，"靠政策"的想法会给农业法制建设造成严重的思想障碍。因此，必须正确认识政策和法律相辅相成而又不能相互取代的辩证关系。要发展农业市场经济，单纯依靠政策肯定是行不通的。因为政策作为一种调控手段，恰恰缺乏强大的约束力和强制性，对政策执行与不执行，执行的好与坏，除了作为考核干部政绩的依据外，没有明确要负什么责任，也没有追究责任的标准和手段。同法律相比，政策缺乏稳定性、规范性和强制性。要发展市场农业，实现农业市场化的有序发展，没有明确、规范和具有强制力的法律保障，是根本做不到的。因此，加强农业相关法律建设是保证东北黑土区农业市场化得以持续、稳定、健康发展的基本条件。首先，应重视立法调研工作，不断提高农业立法质量。可根据东北黑土区的实际情况在农业生产法律保障缺失的环节加强立法。抓紧做好《农业法》修改工作，着手研究制定《农业保险法》《农业灾害救助条例》《农业补贴法》等法律法规，健全农业支持法律体系。需要强调指出的是，对农业的特殊保护和措施并不仅仅限于上述的农业灾害救助和农业补贴制度两个方面，农业法律制度还应当关注农业科研、技术推广方面的法律问题。尤其应根据世界贸易组织规则，抓紧修订和制定有关法律法规，促进区域农业对外开放和国际合作。完全可以考虑批判地借鉴世界上农业发达国家比较成功的农业立法经验以健全东北黑土区与农业相关的法律体系。其次，要进一步加强农业执法工作。要积极借鉴和学习其他执法部门的执法经验，在处理好综合执法与专业执法关系的基础上，加强农业执法体系和队伍建设，全面落实执法人员持证上岗制度。加大对农业执法人员的培训力度，提高执法人员的能力水平。在坚持自学的同时，采取相对集中和走出去学习的方法，加强对执法人员法律知识、农业专业知识的培训，提高执法人员的综合执法能力和水平。最后，完善执法监督制度，促进公正执法。健全农业行政执法责任制度、执法公示制度、监督工作制度，规范执法程序，使日常行政执法管理工作与行政处罚工作有法可依、有章可循，确保农业行政执法的公正性和权威性。

第四章
东北黑土区农业可持续发展的要素分析

农业可持续发展是一个系统工程，涉及各个要素的密切配合。对农业可持续发展问题的研究也必须对农业可持续发展的各个要素做出具体分析。基于这一考虑，只有探索各种要素资源的合理利用为东北黑土区农业可持续发展提供基础保障，才能全面地促进东北黑土区农业的可持续发展。

一、水土资源要素

（一）水土资源是农业可持续发展的基础

在自然资源中，水土资源是人类社会赖以存在的基本资源，也是其他一切资源开发、利用的基础资源。在社会经济可持续发展过程中，水土资源占据重要的地位。土地资源历来是国家之宝、施政之本，是农业存在和发展的基础，在农业生产中发挥着特殊作用，是不可替代的再生产条件。我国古代经济学家管子说："地者，万物之本源，诸生之根菀也。"① 马克思指出："土地是一切生产和一切存在的源泉，并且它又是同农业结合着的，而农业是一切多少固定的社会的最初的生产方式。"② 同时，水资源是人类文明的源泉，随着社会生产力的提高和科学技术的进步，人类对水资源的开发和利用强度越来越大，对水资源的索取越来越多。没有水土资源等物质基础就没有经济的存在，更谈不上农业的可持续发展。对于农业生产，水土资源既是起点也是终点，既是劳动对象，又是基本的生产资料。在农业生产过程中，

---

① 管仲. 管子（水地篇）［M］. 北京：北京科学出版社，1956：679.
② 马克思，恩格斯. 马克思恩格斯选集（第2卷）［M］. 北京：人民出版社，1972：109.

劳动不能直接创造农产品，而是通过生物与其环境条件的交互作用来完成生产过程。同时，人们劳动也受自然环境制约，环境遭到破坏，农业生产也受影响。丰富的水土资源也必将为高水平的农业生产提供高质量的物质基础。要使我国走上农业可持续发展道路，必须采取多种对策，合理地开发和利用水土资源，以保持农业生产率稳定增长，从而为农业生产发展提供持续的物质基础。

（二）黑土区农业可持续发展过程中的水土资源限制

1. 水土流失严重

东北黑土区多半是平原地带，耕地地形特点为缓坡、长坡，一般坡度在15度以下，坡长一般在500~2000米，最长达4000米。由于黑土土壤疏松，抗蚀能力弱，再加上降雨集中和长期以来人口增加导致的过度垦殖、超载放牧等不合理的开发利用，黑土区的水土流失日趋严重。具体表现在以下两个方面：

一是东北黑土区水土流失的面积大、范围广。东北黑土区的水土流失面积为27.59万平方公里，占黑土区总面积的27%。其中：内蒙古自治区9.55万平方公里，黑龙江省11.52万平方公里，吉林省3.11万平方公里，辽宁省3.41万平方公里[①]。笔者参加了中科院、中国工程院、水利部联合组成的中国水土流失与生态安全综合科学考察组（东北区），实地调查了一些市县的情况，发现东北黑土区水土流失形势十分严峻。例如，齐齐哈尔市目前水土流失面积228万公顷，占全市总面积的54%。拜泉县的水土流失面积一度达到525.8万亩，占全县土地面积的97.4%。吉林第二松花江沿岸水土流失面积达111.2平方公里，占总面积的18.6%。宾县是黑龙江省水土流失最严重的县份。全县水土流失面积最高时达435万亩，占全县总土地面积的76%。经过多年治理，目前尚有水土流失面积315万亩，占总土地面积的54.7%。

二是东北黑土区水土流失的速度快且类型多样。据第二次、第三次调查数据显示：黑土区平均每年流失0.3~1厘米厚的表土层，多年来严重的水

---

① 参见《东北黑土区水土流失综合防治规划》，载于水利部松辽水利委员会网站：www.slwr.gov.cn。

土流失致使黑土区原本较厚的黑土层，到现在只剩下 20～30 厘米厚，有的地方甚至已经露出了黄土母质，基本丧失了生产能力①。如果按目前的水土流失速度计算，黑土地现有耕地的黑土层将在 40～50 年内全部被侵蚀，黑土将不复存在，变成真正的"北大荒"。此外，水土流失类型多样，主要包括水蚀、风蚀和冻融侵蚀。其中：水蚀面积 17.70 万平方公里，风蚀面积 4.14 万平方公里，冻融侵蚀面积 5.76 万平方公里。详细情况如表 4－1 所示：

表 4－1　东北黑土区水土流失类型统计表　（单位：万平方公里）

省（自治区）	总面积	侵蚀面积	水蚀面积	风蚀面积	冻融侵蚀面积
合计	103.00	27.59	17.70	4.14	5.76
黑龙江	45.25	11.52	8.86	1.06	1.60
吉林省	18.70	3.11	1.73	1.38	0.00
辽宁省	12.29	3.41	3.07	0.34	0.00
内蒙古自治区	26.76	9.55	4.04	1.36	4.16

（数据来源于《东北黑土区水土流失综合防治规划》）

各种类型水土流失给东北黑土区土地资源造成了严重破坏，不利于农业的可持续发展。首先，东北在春秋两季风力较大，每年要刮走富含营养的肥沃表土 1～2 厘米，折合每亩流失表土 8～16 吨（土壤容重按 1.2 吨/立方米计算），每年每亩流失全氮 16～32 千克，流失全磷（P_2O_5）12～24 千克，流失全钾（K_2O）16.8～33.6 千克（土壤全氮含量按 0.2%、全磷 0.15%、全钾 0.21% 计算）②，造成土壤肥力丢失。其次，东北黑土区过去耕地一般是顺坡垄，这也是水土流失的重要原因之一。由于雨水的冲刷而又没有水利工程的调节，良田沃野变成沟壑纵横，土层由厚变薄，土色由黑变黄，使土壤的可耕性变差，降低了农田的抗灾能力。再者，森林的过量砍伐和农田防

① 范建荣，潘庆宾. 东北典型黑土区水土流失危害及防治措施 ［J］. 水土保持科技情报，2002（5）：36－38.

② 衣保中. 近代以来东北平原黑土开发的生态环境代价 ［J］. 吉林大学社会科学学报，2003（9）：62－68.

护林的减少也造成了水土资源流失。水土流失的加剧带来了资源匮乏和生态环境恶化的问题。据调查，黑土地随着开垦年限的增加而土层变薄，土壤有机质含量下降的幅度也越来越大。开垦 20 年的黑土地土层厚度减少为 60 ~ 70 厘米，有机质下降 1/3，开垦 40 年的黑土层厚度减少为 50 ~ 60 厘米，土壤有机质下降 1/2 左右。开垦 70 ~ 80 年的黑土层一般都只剩下 20 ~ 30 厘米，有机质下降 2/3 左右。如果任其发展，黑龙江省很有可能变成寸草难生的黄土高原。

2. 土壤板结与肥力下降

由于人们的过度开发和掠夺式经营，黑土区土地生产能力逐年下降。由于土地肥力下降，人们开始大量使用化肥，结果造成土壤结构恶化，用养地脱节，土壤板结现象越来越严重。据调查，黑土开垦 20 年肥力下降 1/3，开垦 40 年下降 1/2，开垦 70 ~ 80 年下降 2/3。黑龙江省克山县第二次土壤普查资料显示，黑土开垦 30 ~ 70 年，全氮由 0.35% ~ 0.4% 下降到 0.25% ~ 0.3%。有机质含量由 1985 年的 4% ~ 6%（有的高达 8%）下降到 3% ~ 5%。土壤养分减少，土地变得板结，致使中低产田面积增加。

3. 自然灾害影响农业生产

东北黑土区目前人口与资源的矛盾十分突出，特别是土地资源、水资源的稀缺已经严重制约了该区域的经济发展。水土流失的加剧，不仅使各种自然灾害频繁发生，而且使东北黑土区的生态环境不断恶化，森林覆盖率下降，水资源短缺，土壤沙化。在西辽河流域，由于严重的水土流失，生态环境不断恶化，该区域的地下水位不断下降，流域内持续干旱的天气不断出现，造成流域内 100 万人饮水困难，工农业生产和经济发展更是受到严重影响。水资源的短缺和森林覆盖率的下降，也使土壤沙化面积在不断扩大。据调查统计，从 1949—1998 年，该流域平均每年有 274.4 公顷的耕地在沙化。土壤的沙化，黑土的流失不仅使农民失去了大量的耕地，而且加剧了每年春秋的风沙灾害，严重制约了当地的经济发展和人民生活水平的提高。各种自然灾害对粮食造成减产的数量是明显增加的，成灾率呈上升趋势。一方面由于自然灾害的逐年加重，发生频率增加，使粮食受灾面积不断扩大。另一方面，由于抗御自然灾害的能力不够，防灾、减灾设施薄弱，导致成灾面积不断扩大，成灾率明显上升。从东北黑土区近几年的情况来看，在洪涝、旱灾、风雹、低温四种自然灾害的受灾面积中，旱灾所占比重最高，占比47.7%左右；其次是洪涝灾害，占比29.2%左右；然后是风雹灾害，占比18.97%；低温及其他灾害比重最小，占比为6.13%。1998年特大洪水之后接连三年出现严重旱情。1998年之前，洪涝灾害占比38.2%，干旱面积占比36.7%，1998年之后，洪涝面积占比13.3%，干旱面积占比67%①。

（三）保护水土资源实现农业可持续发展的措施

为了保护好水土资源，以便为农业可持续发展提供坚实的物质基础，东北黑土区应从以下三个方面做好水土资源保持工作：

1. 兴修水利

只有搞好农田的基础设施建设，修建好配套的水利工程，才能保证耕地等资源不继续流失。兴修水利是保护耕地资源的长久之策。只有在硬件上做好保障，才能真正地实现水土资源的合理利用，才能做到水土资源利用的可持续发展。一方面要加大政府的投入，提高各级领导者的重视力度。另一方面要引导、劝说农民及社会力量形成多渠道投资，对水利设施进行建设，保护水土资源。

2. 积极推行合理的耕作方式

耕作方式是影响黑土区水土资源保持工作的一个重要因素。合理的耕作方式会促进水土保持工作的开展。相反，不合理的耕作方式也会破坏珍贵的水土资源，从而限制水土资源的可持续利用。东北黑土区的耕作方式有许多不合理的地方，例如顺坡垄、翻耕浅等，这些都是不利于水土资源保护的，必须加以改进。同时要积极推行多种作物轮作、轮耕制度。注意用地培肥，注重有机肥的实施和农作物秸秆还田。

3. 正确认识耕地集约利用

近年来，伴随着城镇化的推进，耕地的集约利用问题摆在了东北黑土区面前。如何集约利用有限的耕地也成了一个不可回避的问题。耕地利用合理、规划合理，会在一定程度上延缓水土资源流失的进程。反之，则会加快这一进程。因此，在耕地非农化等利用方式上，黑土区一定要慎之又慎，才

---

① 常丽君. 我国东北黑土区粮食综合生产能力研究［D］. 中国农业科学院硕士论文，2007：39－42.

能避免水土资源的进一步流失。

二、劳动力要素

农业人口数量与质量是农业可持续发展重要的决定因素之一。无论是社会的可持续发展，还是农业资源的可持续利用都与农业从业人员的数量和质量密切相关。黑土区劳动力资源充足，基本上可以满足各项建设事业发展对劳动力的需求。但是，由于农业现实等原因，劳动力资源也存在着一些问题，给黑土区的农业可持续发展设置了一定的障碍。

（一）高素质的劳动力供给是农业可持续发展的动力

在全球经济一体化的挑战下，在人类社会长远发展的科学导向下，农业可持续发展过程中的人力资本投资问题是一个不可规避的问题。换言之，只有不断提高农业劳动者的科学文化素质，推动东北黑土区农业科技创新，加速技术推广，建立生态—资源—产业良性循环、互动发展的农业可持续发展体系，才能促成东北黑土区农业可持续发展。

美国学者艾利森·戴维斯认为，穷人如果没有外界的干预来改变自身的科学文化素质，会形成一套特定的生活方式、行为规范、价值观念体系，并会代代相传，使得贫困本身在此种文化的保护下维持和繁衍[①]。因此，为了实现东北黑土区农业可持续发展，必须树立全新的可持续发展教育理念，加大投入，高度重视，不断提高农业从业人口的科学文化素质，更新思想理念，构筑农业可持续发展的现实的思想保障。这与《21 世纪议程》中如下观点相一致："教育是实施可持续发展战略和增强人们解决环境与发展问题能力的决定因素"。美国著名的经济学家舒尔茨也认为：有知识、有技能的人力资源是一切资源中最为重要的资源，人力资本的投资效益明显大于物质资本投资效益。对农业人力资本持续投资，农业从业人员的科学文化素质的逐步提高也有助于农业科技革新和技术推广应用。农业可持续的核心之一就是通过技术变革，采用一种不使环境退化而经济上有利可图的农业技术。高新的农业技术的产生需要对应素质的农业从业人员来推广应用，也切实需要农业经营管理者水平的不断提高，这就更需要人力资本的前期投资。凭借廉

---

① 李瑾瑜. 贫困文化的变革与农村教育的发展 [J]. 教育理论与实践，1997（2）：3.

价劳动力甚至规模经济来保持优势已经属于旧的农业发展模式，这些模式正在被取代，取而代之的是农业技术以及农业管理模式不断的创新和更新。只有不断地加大人力资本投资，才会在竞争中处于优势，真正实现农业的可持续发展。

（二）东北黑土区农业可持续发展中存在的劳动力问题

东北黑土区幅员辽阔，相对于中原的一些省份可以用地广人稀来形容。但是，随着农业生产方式的改变，劳动力资源给农业可持续发展设置的障碍也越来越明显。问题主要集中在以下三个方面：

1. 农民科技素质不高

由于历史原因，东北黑土区农村人力资源科技水平较低，农业科技人才缺乏。在收入有限的情况下，农村人力资源接受教育年限少，农村职业技术教育普及率较低，多数农民对农业技术的接受能力较弱，看不懂农业科技书刊。据中国农科院对东北地区劳动者中的大学函授学员的问卷调查显示，在被调查的 82725 名劳动力中，有技术职称的占 1.4%，无技术职称的占 98.6%[1]。在有技术职称的人中，绝大多数只具有初级技术水平。在新的科技成果推广上，东北黑土区的农业科技推广机构还不健全，推广机制还不完善。农业科技推广部门越往基层人员越少，而且推广人员专业能力较低，行政事务占用大部分时间，难以胜任实际调查和技术指导的工作。在上述诸多因素的限制下，作为农业微观经营主体的农民的科技素质不高也是必然的。

2. 劳动力结构不合理

在东北黑土区内，隐形失业情况比较明显。农业生产中多是老人、妇女进行生产活动，年轻的劳动力多数出外打工。农村生产活动中，出现了年龄、性别不均衡，结构不合理的问题。根据笔者调查，东北黑土区农村中有百分之四十左右的男性劳动力从事非农产业活动，而只有百分之二十左右的女性劳动力从事非农产业活动，参加非农产业活动的女性劳动力约占参加非农产业活动的农村劳动力的三分之一。由此可见，男性参加非农产业活动的比例远远高于女性。这不只是一个简单的劳动者性别问题，从侧面充分说明了东北黑土区农业劳动力的结构失衡，必须予以高度重视。

---

① 张艳. 农村人力资源开发的核心——加强农村教育［J］. 农机化研究，2004（5）：38.

3. 隐蔽性失业比较严重

在劳动力转移不断增加、农业劳动力结构不合理现象突出的同时，黑土区内隐蔽性失业仍然比较严重。自古以来，东北农民生活在富饶的黑土区，粮食产量相对较高，生活安逸。这种情况势必造成地区农民与外部世界的隔绝，从而滋长闭锁内向的思维定势和自足心理。正是这种思想的影响，东北农民在相当长的历史时期内形成了一种"安居乐业"的意识。这种封闭意识造成了一些不良结果。首先，农民因循守旧，不愿意接受新事物、新观念，对新事物往往持怀疑态度；其次，农民的眼界狭窄，习惯于纵向比较，缺乏横向视角；最后，恋土思想浓厚。这些因素都影响了黑土区农村劳动力的转移，致使农村里存有大量的隐蔽性失业人口。

（三）解决东北黑土区劳动力资源可持续发展障碍的措施

为了突破劳动力要素给农业可持续发展设置的障碍，东北黑土区必须做好以下三个方面的工作：

1. 努力提高劳动力的科学文化素质

农业微观经营主体文化素质的提高是现代农业技术与农业生产相结合的关键。东北黑土区应通过系统培训、持续宣传、临时辅导等多种方式来加强农业科技推广活动，以期长远地促使黑土区农业科技水平的提高。

2. 改善不合理的劳动力结构

多方面的限制促使东北黑土区优质的劳动力从事非农产业。短期看，这可能有助于农村人均 GDP 的提高。但是从长期看，这种劳动力结构对于黑土区农业的可持续发展是非常不利的。因为只有优质的劳动力才能从根本上保证农业经济的可持续发展。因此，黑土区必须通过一切措施提高农业的经济效益，改善现今不合理的劳动力结构，把优质的劳动力留在农业领域，从而促进农业的可持续发展。

3. 解决隐蔽性失业问题

解决隐蔽性失业问题的出路有两条：一是推进农村产业结构调整，增加农村就业机会；二是伴随着农村城镇化的进程，加快剩余劳动力的转移。这里需要强调的是，剩余劳动力的转移和劳动力结构的调整是不相矛盾的。在优胜劣汰的机制下，优质的微观经营主体留下来从事农业生产是必然的。因此，当前东北黑土区农业劳动力转移的难点是需要设法增加非农产业就业渠道，促进剩余劳动力的转移。

（四）劳动力转移是东北黑土区农业可持续发展的必然选择

改革开放以后，黑土区给期盼土地的人们带来了生产积极性，人们通过自己的劳动，获得劳动成果，满足自家需求，使农业生产率大幅度提高。但是，家庭联产承包责任制释放出大量剩余劳动力，这部分劳动力不创造价值却参与价值分配，成为导致农村生产率低下、制约农民收入增加、严重阻碍农村经济增长的重要因素。在社会主义市场经济体制下，要实现农业可持续发展，农村剩余劳动力是一个"瓶颈"问题。在中国这样一个农业大国里建立社会主义市场经济体制，农村人力资源配置和流动是一个非常重要的因素。如果农民发展商品经济意识不强，不懂得走向市场，就难以实现构建社会主义市场经济体制的目标，也难以实现农业可持续发展。随着社会主义新农村建设的推进，劳动力转移已经是时代的要求。通过前面的分析我们了解到，黑土区劳动力资源优势非常明显，合理的转移也是农业可持续发展的需要。

1. 劳动力的转移有助于东北黑土区产业结构的转型

由于历史原因，东北黑土区形成了比较典型的二元经济结构。农业的就业结构严重滞后于产业结构的变动，农业中滞留了太多的剩余劳动力，农业的技术水平、商品化程度和专业化水平难以提高，农村工业化和农村城市化进程被抑制，农民不得不在非常有限的空间中求生存。只有加强农业剩余劳动力的转移，才能加强工农两个部门协作，改变现有的二元经济结构，推动区域内现有的产业结构转型升级。只有把大批被束缚在传统农业中的劳动力解放出来，才能提高劳动力非农产业的就业比重，使农村剩余劳动力在更广的范围内重新组合，为包括农业本身在内的三大产业的发展及经济重心在三大产业间的依次更替提供充足的劳动力资源，推动产业结构调整，促进农业可持续发展。

2. 劳动力转移有助于东北黑土区农地规模经营的开展

东北黑土区的农业生产特点要求劳动力在农地规模经营中适当转移。一方面，东北黑土区的土地多为平原，坡度一般都在15度以内，比较适合大型机械化生产活动形成规模经营。这种规模经营解放了大量的农村劳动力。另一方面，农业剩余劳动力转移出去以后，农村必然会出现有土地而无能力经营的现象，就产生了土地的供给，必然会产生土地转租和承租市场，最终结果就是土地集中到一部分有能力经营的人手中，这就为土地的规模经营提供了便利的条件。这种规模经营通过两种方法提高经营效益：一是可以通过机械化的生产，采用新技术，在相同投入情况下获得更多收益。因为有些技术在土地规模小的时候无法使用或其效益无法表现出来，而土地集中就为这些技术的使用提供了可能性。二是通过规模经营，降低平均固定成本和平均总成本。农业生产需要一些固定投资，这些投资不以土地规模的大小而发生变化，因而在土地规模变大以后就可以相对提高经营效益，有利于农业可持续发展。

3. 劳动力的转移有助于东北黑土区农民收入的增加

东北黑土区现阶段的生产方式基本上是一家一户的小农经济状态，农户在微小规模的土地上从事经营活动。这种与传统农业经济相近的生产方式致使农业增效、农民增收、农村繁荣非常困难。而农村劳动力的转移正是农民增收的另一特殊途径。农村劳动力从第一产业转移出去是对传统农业、小农经济、落后农村的"突围"。解决"三农"问题，归根到底是要减少农民，化农民为城镇居民。只有减少农民，才能富裕农民，才能提高农业整体效益，才能繁荣农村。据测算，农村剩余劳动力转移与农民人均纯收入呈高度正相关，且农村劳动力转移每增加1%，农民人均纯收入可增长2.28%①。因此，必须加强东北黑土区农村剩余劳动力的转移工作，以促使黑土区农民收入的提高。

三、资金要素

长期以来，农业为国民经济的发展做出了巨大的贡献，而农村经济一直处于被剥夺的地位。中国目前正面临着从传统农业向可持续农业的战略转变，必须充分重视农业投资对可持续发展的积极影响，增加农业的资金投入。

（一）加大资金要素投入是农业可持续发展的必然要求

农业资金的持续保障性投入是实现农业持续发展的基本要求。使用他人

---

① 刘洪. 我国农村剩余劳动力转移与农村可持续发展研究 [J]. 湖北行政学院院报，2003 (1)：36 - 38.

土地需要资金，改造已有土地需要资金，雇佣劳动力需要资金，使用专利技术需要资金，购买农业生产资料需要资金。充足的农业资金投入也是农业科研水平不断提高、农业生产数量和质量稳步提升、增加农业竞争力、扩大农产品销售市场的基石。必须从资金上保障与农业生产相关的科学研究的经费投入，必须从资金上保障农业从业人员的科学文化素质的不断提高，必须加大教育投入，有效地推动和应用新型科学技术，使"产学研"有机结合起来，形成良性循环体系，不断促进农业持续、健康、稳步、协调的发展。

从资源有效配置角度看，也需要加大农业资金的投入。在市场经济中，理性经济人客观要求等量资本获得等量利润，部门之间的资本竞争是一种趋势，经济人会有意无意地按照机会成本的理念进行定夺。如果等量资金的投入效率相对较低，会促使其他生产要素一并进行转移，带动整个农业生产要素在农业部门内部甚至农业部门与非农业部门之间的转移。在目前我国整体农业资金投入相对不足的背景下，农业利润相对不高，资本自由转移不利于农业的可持续发展，就更需要加大对农业生产的资金投入，从而助其进入可持续发展的良性轨道。

张羽、赵鑫（2015）基于1999—2012年的省级面板数据探讨了我国农村经济增长与农村金融发展的非线性关联机制。该研究以农村金融贷款与农业增加值的比值作为农村金融相关率的替代指标来衡量农村金融发展水平。研究结果显示，农村金融发展水平存在一个门槛值。当农村金融发展水平低于这一门槛值时，农村金融相关率上升并不能促进农村经济增长。当农村金融发展水平高于门槛值时，农村金融发展则会促进农村经济增长。上述研究结果表明，农村金融与农村经济之间的关系具有一种不确定性。虽然二者之间具有一种正相关关系，但是也存在着一定的制约条件。

纵观我国农业经营主体的演进路径，先后经历了个体农业、人民公社、家庭联产承包责任制下的农户、新型农业经营主体等几个阶段。这一演进过程是我国农业生产领域矛盾不断调整的结果，也符合生产关系要适应生产力发展的客观规律。新型农业经营主体的产生体现了我国未来农业经济的发展趋势。农村金融体制改革的推进也需顺应这一趋势，这样才能保障农村经济的可持续发展。没有完备的农村金融体系支持，新型农业经营主体的培育工作无从谈起。新型农业经营主体培育工作的顺利开展，必将为农村金融提供新的业务领域和业务载体，进而促进农村金融发展水平的提升。

（二）东北黑土区农业资金投入的现状

东北黑土区农业生产投资总量逐年增长但占财政总支出比重在下降。随着国家财政支出的不断扩大，对农业的投资从绝对量上看是在不断提高的。我国财政支农资金有 70% 到 80% 用于支援农业生产和事业费的支出，而直接用于农业基础设施及农业科研等方面的投入不足 30%。有学者曾以1980—2001 年为研究区间，对我国财政农业投入结构中各项支出对农业增长的产出弹性进行了测算。结果表明，农业基本建设投入、农业科技三项费用、农业救济费、支援农业生产和事业费支出的产出弹性，由大到小分别为0.43、0.09、0.0046 和 −0.11①。可见，农业基本建设的投入对于农业 GDP的增加效果最为明显。在财政农业投入中，地方政府承担了 80% 左右，而中央政府仅承担了约 20%。笔者认为，现行的财政农业投入主体结构不能有效保证财政农业投入的稳定增长，可能会造成财政农业投入增长后劲的不足。东北黑土区是典型的以农业生产为主的区域，是全国最大的商品粮食生产区，粮食产量较大，农业人口较多，农业积累率低，大多数农民还是靠财政吃饭，农业投入严重不足，农村的基础设施落后，这种靠天吃饭的农业生产导致农业自身积累的严重不足。而东北黑土区的地方政府对农业的投入也明显不足。以黑龙江省为例，地方政府对农业的投入仅仅局限在农业效益较好的部分，而对急需资金的农业基础设施建设环节却很少投入。由此观之，东北黑土区农业资金问题亟待解决，必须予以高度重视。

（三）东北黑土区资金投入的难点及其成因

当前东北黑土区资金要素投入过程中存在着诸多限制，已经成为黑土区农业可持续发展的障碍。主要表现为以下四个方面：

1. 农业投资效益低下制约了农业投入

由于特殊的生产条件，东北黑土区农业对自然环境有很大的依赖性，容易受到气候和病虫害影响。同时，由于农业生产既有市场风险又有自然风险，而且农业生产的自然风险是难以预测的，这严重影响着农业投资收益的稳定性，导致农业微观经营主体的投资积极性减弱。在完全由市场机制配置

---

① 王志，武献华. 辽宁新农村建设资金投入问题分析 [J]. 北方经济，2008 (1)：69 – 71.

生产要素的条件下，农业投资尤其是基础性投资周期长，很难达到市场的一般利润率水平，必然导致农业投资过少。商业银行之所以减少农业信贷，也同样是因为农业的预期收益率低。此外，农业微观主体的兼业经营加剧了这一现象。农户之所以把收入中更多部分投入非农产业，是因为非农产业可以带来更多的投资收益。从农民的角度观察，与单纯的农业经营相比，投资非农产业兼业化经营的收益会更高，也更安全。因此，兼业化经营促使农业投资进一步减少。

2. 农村商业信贷供给错位

农村信用合作社等主要农村金融机构多提供 1 年期 3 万 ~ 5 万元的小额贷款，只能满足小农经营简单再生产状态下的资金需求，不能满足新型农业经营主体的需求。新型农业经营主体的金融需求无论是在资金规模方面还是在贷款期限方面都有别于传统经营主体。新型农业经营主体本身即是农业现代化过程中产业化经营的结果，是以扩大再生产为基本特征的，其项目投资更注重长期效应。在基础设施建设、农业机械采购、产品储存等方面新型农业经营主体都会考虑自身的投资周期及其扩大再生产的特点，进而在资金需求方面也具有长期性并且规模较大。根据相关调查结果，77% 的农业企业认为适宜贷款期限应在 5 年以上，只有 20% 左右的农业企业认为适宜贷款期限为 1 ~ 2 年①。小农模式下的涉农贷款供给对新型农业主体来说是一种错位供给。新型农业经营主体不能获得有效贷款的原因主要是信息不对称导致的信用风险控制问题。许多新型农业经营主体没有建立财务信息披露制度，抵押物和担保人缺失，达不到农村商业金融机构的贷款门槛。

3. 农村非正规金融供给不规范

现阶段我国农村金融体系包含正规金融和非正规金融两个部分。正规金融信贷供给者包括四大传统商业银行、邮政储蓄银行、农业发展银行、农村信用合作社、村镇银行、农村资金互助社、小额贷款公司等。非正规金融信贷供给者包括民间资金互助、农村社区发展基金、私人放贷者和其他民间借贷组织（如金融服务公司、财务服务公司）等。近年来我国正规金融机构的改革取向是市场化、股东化的商业运行模式。这种取向在一定程度上解决

---

① 张承惠，郑醒尘. 中国农村金融发展报告 ［M］. 北京：中国发展出版社，2016：197.

了金融机构自身的可持续发展问题，但也更不利于农村金融需求的满足。农村非正规金融正是在这种需求空间下成长起来的。非正规金融机构相较于正规金融机构拥有一定的信息优势、担保优势和交易成本优势。农村正规金融的供给门槛与结构失衡致使新型农业经营主体对非正规金融供给存在着一定的需求。现阶段我国农村非正规金融游离于监管机构之外，信息机制和偿付机制并不要求标准化和程序化。许多非正规金融机构的经营管理并不科学，在制定信贷利率、合约执行等环节并不规范，有的业务甚至和非法集资、高利贷混合在一起。我国关于非正规金融发展的立法较为滞后，有些非正规金融业务并没有取得相应的法律地位。滞后的农村非正规金融并不能很好地为新型农业经营主体培育提供金融保障。

4. 农业直接融资平台供给缺失

我国农村金融市场上的金融机构主要以经营存贷业务等间接融资模式产品为主，并没有形成以直接融资为特征的农村资本市场。新型农业经营主体的扩大再生产主要依赖于自身利润的资本化，很少依赖股票、商业票据等资本扩张工具。新型农业经营主体培育与农村金融发展的耦合关系表明，在农村经济转型时期需要农村金融的不断创新支撑。直接融资模式可以有效解决农村金融市场的两个问题：一是搭建城市资金流向农业经营领域的渠道，弥补农村金融市场的"抽血效应"；二是为破解新型农业经营主体规模化经营的资本瓶颈提供了可能。我国现在处于新型城镇化的转型时期，打破城乡二元经济格局，建立城乡统一的资本市场体系成为必然。在农村金融市场大力推广直接融资模式也是新型城镇化的需要。新型农业经营主体相较于传统农户而言，其生产经营活动更具有产业化特征，无论是在市场信息获取方面还是融资渠道方面都要求与城市经济的市场主体一样享有相同的待遇。面向新型农业经营主体打造直接融资平台是我国农村金融市场改革亟待解决的问题。

5. 农业保险产品供给保障不足

近年来我国农业保险业务规模持续扩大，农业保险补贴品种也从2007年的5个增加到了18个。尤其是2013年《农业保险条例》的实施标志着我国农业保险已经进入了有法可依的阶段。但相较于农业经济规模而言，我国的农业保险发展水平仍然较低，存在着参保率不高、保险品种不全面、协调机制不健全等问题。新型农业经营主体和传统农户相比又面临着不同的风险，从而形成了差异化的保险需求。一方面，我国农业生产依然受自然条件约束较多，自然灾害仍然是农业生产面临的最大风险。传统农户可以通过多元化经营等方式来分散风险。以规模化经营为特征的新型农业经营主体则很难化解自然灾害造成的风险。另一方面，新型农业经营主体已经脱离了自然经济的小农状态，是完全面向市场进行生产的，承受着一定的市场价格变动风险。新型农业经营主体无论是在保险品种设计方面还是在保险补偿标准方面都对农业保险有更高的需求。例如黑龙江省物价局相关数据显示，2014年黑龙江省垦区外水稻种植的物化成本是820元/亩，而保险金额为200元/亩，农业保险已经不能起到应有的基本保障作用。我国现阶段的农业保险体系是针对散户经营特征而设计的，已经不能满足市场化经营的新型农业经营主体对农业保险的需求。

（四）加强东北黑土区农业资金投入的措施

为了提高农业投入的水平，扩大农业资金来源，东北黑土区应着重从以下三个方面付诸行动：

1. 推进农业产业化增强农业经济效益

除了具有公益扶持性质的投资主体，任何理性投资主体的目标都是自身利益的最大化。黑土区农业要想增强农业对投资主体的吸引力，只有增强农业的经济效益这一途径。就目前东北黑土区的农业现实来说，积极推进农业产业化，促进农业效益水平的提高是根本选择。因为传统模式下的农业经济效益已经被挖掘殆尽，只有通过产业化延长农业经济产业链才能提高农业的经济效益。农业经济效益的提高必然会吸引资金的进入，进而弥补东北黑土区农业可持续发展的资金缺口。

2. 加强基础建设推动农村商业信贷供给结构调整

要想使涉农商业贷款期限和新型农业经营主体的经营周期相匹配，调整农村商业信贷供给结构，需要加强农村金融体系的基础建设以解决两个难题。一是解决新型农业经营主体的信息不对称问题。二是新型农业经营主体的抵押物不足问题。只有解决了这两个问题，才能从风险控制方面激发农村金融机构发放中长期信贷的意愿。针对我国农村金融市场的现状，应着重完成两个方面的工作：第一，推动新型农业经营主体征信体系建设工作。只有完善了征信体系建设，尤其是信用记录、信用调查、信用评分和信用评级等信用业务的开展，才能解决新型农业经营主体与农村金融机构的信息不对称问题，为新型农业经营主体商业信贷业务的开展奠定基础。同时要在工商注册、税务管理等环节针对农业新型经营主体做出相关的制度要求，辅助新型农业经营主体征信体系建设的推进。第二，加强新型农业经营主体商业贷款抵押物相关问题的制度建设。2015 年 8 月国务院发布了《关于开展农村承包土地的经营权和农民住房财产权抵押贷款试点的指导意见》，对农村住房、农村承包土地经营权抵押问题已经做出了制度性突破。农村金融机构应该在抵押物处置机制、配套措施完善等环节推进农村商业贷款抵押物相关问题的制度建设。

3. 强化立法规范农村非正规金融有序供给

基于制度经济学的视角，在多元化的制度安排中，当事人倾向于选择低成本的制度安排。新型农业经营主体选择非正规金融渠道融资的原因多是正规金融融资成本过高或融资困难。当非正规金融的融资成本高于正规金融融资成本时，非正规金融融资渠道则会自动消失。因而现阶段不能取缔农村非正规金融的发展。事实上我国农村信用合作社在改革后已经变成了一种商业金融机构，抛却了合作金融的本质。而民间资金互助、农村社区发展基金等非正规金融形式本身则具有合作金融的性质，是金融抑制和金融约束的自发产物，与农村经济发展水平是相适应的。新型农业经营主体较传统农户而言，无论是在参与意愿方面还是在参与能力方面，都对民间资金互助、农村社区发展基金等非正规金融组织有着特殊的需求。因此，应加强立法引导农村非正规金融健康发展，以避免高利贷、非法集资等问题的出现。首先，通过立法给予农村非正规金融合法地位，为农村非正规金融的规范发展奠定基础；其次，在融资模式、利率范围、监管模式等方面进行制度建设，保障非正规金融的规范发展；再次，构建非正规金融融资的纠纷处理机制、非正规金融组织的退出机制，以优化农村非正规金融发展的生态环境；最后，构建农村正规金融组织和非正规金融组织合作方面的制度框架，以促进农村金融体系的完善发展。

4. 构建面向新型农业经营主体的直接融资平台

新型农业经营主体要想打破自身资本瓶颈进行产业化经营，仅仅依靠自身资本积累和商业贷款是远远不够的，还需要外部资本支持，因而构建面向新型农业经营主体的直接融资平台显得尤为重要。由于城市商业金融与农村商业金融的利润差异，我国商业金融机构曾撤出过农村区域。随着城市商业金融利润空间的下移，商业金融机构已经有了再次向农村区域拓展业务的趋势。在此背景下，可以依托商业银行、证券公司等商业金融机构打造为新型农业经营主体服务的直接融资平台。通过此平台的建设，借助股权、债权、商业票据等资本工具，拓展城市资金流向农业经营领域的渠道以促进新型农业经营主体的培育工作。鼓励商业金融机构通过承销债券、票据贴现、委托贷款等方式为直接融资提供中介服务。为了激发商业金融机构建设新型农业经营主体直接融资平台的积极性，可通过财政补贴的形式将平台运营的利润水平提升至社会平均利润水平，在运营机制上保障新型农业经营主体直接融资平台的顺利运行。

5. 面向新型农业经营主体调整农业保险供给

新型农业经营主体作为我国农业生产的发展趋势，应该得到农业保险的政策倾斜。只有完善了新型农业经营主体的风险分散机制，才能保障农业的可持续发展，进而实现我国的粮食安全战略。针对新型农业经营主体有别于传统农户的保险需求，现行农业保险供给体系应在以下几个方面做出调整：首先，针对新型农业经营主体的保险需求进行险种设计创新，增加价格指数保险、天气指数保险等农业保险产品的供给。其次，基于经济成本的视角提升农业保险补偿标准。现阶段农业保险的补偿标准多是基于会计成本的视角而设计的，保险灾害发生后受益人领取的保险赔偿只能弥补农业生产的账面损失，农业经营主体的隐形成本得不到任何补偿。此种情况会在一定程度上降低新型农业经营主体的持续经营动力，必将影响新型农业经营主体的培育工作。因而应该基于经济成本的视角提高农业保险的补偿标准，使农业保险真正成为新型农业经营主体运营的风险分担工具。最后，加强政府对新型农业经营主体保险的财政政策倾斜。我国农业保险经营一直在实行"政府 + 市场"的运行模式。基于支持农业可持续发展的考虑，应在财政补贴、税收优惠等方面给予新型经营主体农业保险业务更大限度的财政政策支持，以促进新型农业经营主体的培育工作。

四、科技要素

（一）科技要素在农业可持续发展中的作用

科学技术是生产力的重要构成部分，是生产力要素构成中的渗透性要素。1988 年邓小平同志根据当代科学技术发展的趋势和现状，提出了"科学技术是第一生产力"的科学论断，体现了马克思主义的生产力理论和科学观，也是在知识经济大踏步发展背景下对马克思关于生产力理论的发展。作为培养人类认识自然、改造自然能力的自然科学，必然包括在社会生产力之中。科学技术一旦渗透和作用于生产过程中，便成为现实的、直接的生产力。现代科学技术发展的特点告诉我们，科学技术特别是高新技术，正以越来越快的速度向生产力诸要素全面渗透，并同它们融合。在农业可持续发展中同样离不开科学技术的发展，而且其作用越发明显。

首先，农业科技的发展有利于节约农业生产资源，提高农业资源的使用效率。毋庸置疑，将农业科技应用于农业生产实践，对农业资源利用效率的提高有积极作用。譬如各种灌溉技术，可大大降低水资源的消耗，改善土地质量、防止地力枯竭、甚至增加土地的肥力。各种土地改良技术、中低产田综合开发技术等可使农地资源总量得以平衡。在我国农业自然资源总体相对不足的背景下，农业科技的作用更加突出。在东北黑土区农业可持续发展过程中，必须重视农业科技的推动作用，尤其要重视有关农业可持续发展方面的技术应用。

其次，农业科技的发展有利于提高农产品的质量，提高产品的市场竞争力。农业可持续发展的理念要求农业发展要兼顾当前发展和后续发展的关系，既要利用现有资源，又要保护好现有资源，只有这样才能在市场竞争中长期保持竞争优势。这种优势的建立需要农业科学技术的不断提高和推广，减少农业生产过程中的耕地、水资源、资金、劳动力等要素的无效消耗和破坏，使农业生产在增加数量的同时提高质量，以有效地保护和合理配置有限的农业生产资源。

最后，农业科学技术的发展有利于拓展农业可持续发展的领域和空间。农业科技的产生、推广以及在农业生产中的应用是促进有限的农业资源向更深更广的领域进行拓展的有力杠杆。新的农业科学技术成果被推广到农业生产中去，也就意味着农业资源的利用效率得以提高，减少了单位农产品的资源耗费，甚至使得一些原来成为废料、垃圾的无效资源变为可以利用的资源开发出新的农产品并走向循环经济发展模式，促成了农业的可持续发展。

（二）东北黑土区农业科技推广工作的开展现状

要实现我国农业可持续发展，需要有农业科技的不断支持。我国人均耕地少，这一特殊的农业现实决定了发展农业的出路在于科技进步。东北黑土区担负着保障国家粮食安全和为市场提供商品粮的重任。单纯依靠加大投入来刺激农业增长既受到客观条件的制约，又同人与自然和谐发展的可持续发展观相悖。因此，农业发展只能走依靠科技进步的可持续发展道路。

东北黑土区和国内其他粮食主产区相比，农业基础相对较好，加之近年来一直致力于现代农业的开展工作，因而农业技术推广工作已经取得了一定的成绩。在此以黑龙江省为例来说明东北黑土区农业科技的发展概况。黑龙江垦区自 2005 年以来相继从美国、英国、德国等 10 多个国家引进了组织蛋白、冻干制药、乳品多效蒸发等工艺技术 20 余项。目前，垦区各企业生产的七大类 80 多种商品已遍布全国并出口到 19 个国家和地区。同时黑龙江省积极引导科研院所与绿色食品基地"结亲联姻"，由此不仅加速了先进农业技术成果在绿色食品生产中的普及和应用，也确立了全国绿色食品大省的地位。黑龙江垦区作为黑土区的粮食主产区，采取自主创新和引进消化相结合的办法，在作物优良品种培育、重大病虫害防治、优质高产综合配套技术、农业生物技术与实用化研究等领域进行了联合攻关，解决了一系列重大农业技术难题，农业科技成果转化率达到 82%，农业科技贡献率达 65%[①]。多年来，黑龙江省农科院育成推广农作物新品种 1300 余个，重点培育引进了一批以高产、优质、多抗、专用为导向的突破性新品种，使全省农作物品种更新换代 5~6 次。整合资源、集中攻关大大缩短了全省农作物新品种更新换代步伐，每次更新换代都使作物产量有 10% 左右的大幅增长。

（三）东北黑土区在农业科技推广过程中存在的问题

尽管一直以来东北黑土区对农业科技的推广工作都非常重视，但是在农

---

① 赵砚. 农业科技进步与新农村建设问题研究［J］. 黑龙江社会科学，2007（5）：190 - 192.

业科技实际推广的过程中也存在着一些障碍，延缓了区域内的农业科技普及，进而影响了农业的可持续发展。问题主要表现在以下三个方面：

1. 科技推广体系薄弱

资金短缺仍是制约黑土区农业科技发展与进步的重要瓶颈。现阶段东北黑土区还没有形成引导和动员社会资本投资农业科技的有效机制，同时农业科技成果转化平台建设也缺乏相应的财力支撑。主要是由于农业科技受气候等自然因素制约，创新难度和成本较大，且绝大多数属于社会效益。同时，农业技术创新从思想形成到成为产品的全过程都需要大量投资。这些特点都促使农业科技投入很难形成规模，而政府投入又稍显不足，使农业科技推广工作更加艰难。

从技术推广的重点来看，东北黑土区目前仍侧重于实用技术的普及与推广，如推广杂交优良品种，新型化肥、农药及其使用技术，以及改善农产品加工贮藏条件减少农产品收获后的损失等。从推广的方法和机制来看，仍然以政府机构为主体，它是在长期计划经济体制下形成的，已不能适应市场经济发展的要求。推广组织存在条块分割、部门分割、地区分割的缺陷，不仅增加了技术推广的成本，还降低了成果转化的效果。此外，农业技术推广手段落后。现阶段东北黑土区农业科技推广活动中常用的方法有试验示范、举办农民培训班、发放科技资料、个别指导等方式。由于受到人员和资金的限制，加之推广方法过于传统，不能很好地发挥效果。

2. 科研成果与农业需求的脱节

东北黑土区的农业科研单位及大专院校数量较多，仅吉林省就有农业科研机构25家，农业大专院校5所。但是，这些机构的科技活动工作多强调以计划、项目为中心，偏离市场，重量不重质，导致科技资源与创新人才不能有效结合和配置。由于现阶段的农业生产特点，东北黑土区农民讲求实际，敢冒风险的不多。特别是实行家庭联产责任制以后，在千变万化的市场中，农户多是以自身利益为前提，各种农业技术无论多么先进都必须符合当地农民对农业实践的理解，否则很难得到推广。加之，东北黑土区现阶段很多与农业相关的科研成果，在缺乏必要的辅助环节的情况下很难转化为现实的应用技术。因此，东北黑土区农业科技推广过程中存在着一个比较严重的问题就是科研成果与农业需求的脱节，一项新的技术很难在农业实践中得以推广。

3. 农业生产规模较小阻碍科技的普及

在东北黑土区农业生产中，除部分农场外基本上是小农生产方式，规模小、机械化程度不高。农户家庭经营规模过小，致使很多与现代农业相关联的技术无法应用。首先，农户生产规模小，专业化程度低，这种小农经济影响了农业科技的使用效果，而且由于规模过小，原本相当具有增收效果的农业科技到了农民手中往往被他们按已有的经验和实用的标准进行盲目修正简化，从而降低了科技效力；其次，土地规模过小、分散经营，不利于一些需要系列配套和区域连片应用推广的农业技术的普及，如大型农业机械耕种技术、病虫害的综合防治技术等现代农业技术。许多科技成果，不得不以分散的组织形式进入农业产业，这些简化修改必然会导致其效果的减弱。

（四）解决东北黑土区农业科技推广障碍的对策

要想从科学技术的推广方面为农业的可持续发展做出保障，东北黑土区应从以下三个方面做出努力，以期该目标得以顺利实现。

1. 完善农业科技推广体系

东北黑土区要想加强农业科技的推广工作，首先必须从完善科技推广体系着手。要把以科技推广站为中心的推广体系融入到市场机制中来。只有这样才能调动农业科技推广主体的热情，为黑土区的农业科技推广水平提升一个台阶。例如，可以通过适当的效益奖励制度为农业推广站等推广主体设置一定的激励，提升其从事科技推广工作的积极性。还可以采取帮扶、函授、讲课等多种渠道把新的适用的科技信息迅速地传播到农业微观经营主体中去。总之，只有把农业科技推广体系纳入市场机制，改善现有的农业科技推广方式才能促使东北黑土区的农业推广体系得到进一步的完善。

2. 提高农业科技成果的转化率

研发新的农业技术的根本目的是应用于农业实践，这里就涉及一个科研成果转化问题。如果新的技术研发成功后，不能很好地应用于实践，那么前期的科研投入也都是无功的。鉴于此，东北黑土区应该努力提高农业科研成果的转化率，应该面向现实中农业的需要从事科研，只有这样才能提高农业生产中的科技应用程度。如果不考虑农业科技成果的转化率，盲目地从事农业科技创新，这都是有害无益的。同时，农业科研成果转化率的提高也意味着科技供给与需求联系得非常紧密，这对东北黑土区农业可持续发展来说是非常必要的。

3. 积极推行农业机械化

农业机械化已经是现代农业发展的一个趋势。东北黑土区现阶段农业机械化进程较为缓慢，主要是家庭联产承包责任制和农村人口众多双重因素的影响。现阶段的经济现实导致城市对农村剩余劳动力的吸纳能力是相对有限的，要想发展农业机械化不能依靠劳动力的转移来实现，而应该在农业内部探讨机械化农业的实现。比如，可以在不转移劳动力的情况下通过联合经营、耕地反租倒包等形式来实现机械化。这样，由于规模经营单位成本降低等原因，先进的机械化技术、生物工程技术等都可以顺利实施。因此，农业规模化经营对于农业机械化的推广工作也是必不可少的。

第五章
东北黑土区农业可持续发展的案例分析

基于黑土区农业可持续发展要素的理论分析，可以看出影响黑土区农业可持续发展四个方面的要素分别为水土要素、资金要素、劳动力要素和科技要素。本书选取黑土区的两个典型县（市）——黑龙江省克山县、吉林省榆树市，对两地的四个要素进行比较，寻找各地黑土农业发展的差异，对黑土区农业可持续发展要素的情况进行实证描述。

一、以黑龙江省克山县为例

（一）地区概况

克山县是齐齐哈尔市的一个县。克山县位于黑龙江省西部，齐齐哈尔东北部，小兴安岭西南缘，松嫩平原腹地，辖区总面积 3320 平方公里。地貌类型分为丘陵状山前倾斜平原、缓岗状山前倾斜平原、波状山前倾斜平原等种类。其中丘陵占 80%，平原占 14%，洼地占 6%。县域主要土壤类型为黑土，与局部草甸土、黑钙土相间分布。境内主要有 6 条河流：讷谟尔河、乌裕尔河、润津河、鳌龙沟、群胜大沟、泰西河。这些河流均属嫩江水系，其中讷谟尔河、乌裕尔河为嫩江水系一级支流，润津河为嫩江水系二级支流。

截至 2015 年克山县总人口 53 万人。2015 年克山县辖 15 个乡镇、133 个行政村和 9 个农林牧渔场。克山县是中国重点商品粮基地县、大豆出口基地县和马铃薯基地县，素有"大豆之乡"之称。克山县现有 32 个绿色食品基地，77 万亩绿色种植面积，320 万头（只）绿色养殖，960 个绿色食品加工企业，2000 年成为黑龙江省生态示范县。

克山县辖区面积中，耕地面积 249 万亩，林地面积 121.8 万亩，水面面积 4.7 万亩，草原面积 17.9 万亩，其他面积 104.6 万亩。

（二）克山地区农业可持续发展要素的基本情况

1. 水土要素

（1）克山县水土资源丰富但破坏严重

克山县在建国初期土质非常肥沃，植被繁茂，自然生态条件优越，一直是全国著名的产粮大县。但是到了 80 年代初，全县水土流失面积 331 万亩，占全县总面积的 62%，其中耕地水土流失面积 148 万亩，占耕地面积的 57.8%，森林覆被率下降到 15% 左右，黑土层厚度由原来的 1 米左右下降到 20~30 厘米，土壤有机质含量由 8%~12% 下降到 3.5%，年侵蚀表土厚度达 5 毫米左右，148 万亩坡耕地年跑水 7400 万立方米，跑肥近 7 万吨，流失表土 450 万吨，全县有侵蚀沟 4027 条，侵占耕地 2.1 万亩。恶化的生态环境导致了生态性贫困，粮食亩产不足百斤，水土流失问题非常严重。

（2）克山县基本农田水利建设方面存在的主要问题

在水利工程建设方面，现有蓄水工程标准低、质量差，与抗旱水源需求相差甚远。农田灌排工程数量少，工程不配套，年久失修，老化严重，与发展质量效益型农业不相适应。而且抗旱水源工程少，保障能力较低。在资金投入方面，农田水利建设资金不足，农田水利建设速度缓慢。由于国家投入不足，地方财力有限，一些急需工程不能及时修建，限制了农田水利工程建设速度。

（3）克山县在水土资源治理方面的成果

为了应对严峻的水土流失问题，克山县从多方面展开了对水土资源的治理保护工作。从 2005 年到 2009 年，克山县治理水土流失面积 35 万亩，修水梯田 1.2 万亩，修地埂 5.2 万亩，改垄 12.8 万亩，营造水保林 12.5 万亩，生态修复 1.5 万亩，种草 1.8 万亩，截流沟 3.5 万亩，修建谷坊 890 座，跌水 350 处。

同一时期，克山县改造涝渍面积 12 万亩。新修堤防 20.8 公里，加固堤防 40 公里，新挖排水沟 37 条 93 公里，修建桥、涵、闸 23 座；新增宏伟水库灌区灌溉面积 0.6 万亩，新修干支渠 21 公里，闸、涵等建筑物 353 处；新增西联灌区灌溉面积 0.35 万亩，新修干支渠 11 公里，闸、涵等建筑物 82 处。改造易旱面积 5 万亩，修改拦蓄工程 30 余处。

东北黑土区水土流失重点治理项目——克山县古城项目 2008 年由松辽委发起，国家批准，项目涉及克山县古城镇、古北乡、河北乡、克山镇 4 个乡镇，总面积 296.21 平方公里。从 2008 年到 2010 年，按照项目要求，克山县对新民、兴隆、卫国、保北、利民、惠民、古北、龙泉、更好 9 条小流域进行了综合治理，治理水土流失耕作面积 8877.26 公顷，工程完工率达到 100%。该项目的建设和实施，有效遏制了克山黑土区水土流失的状况。据测算，项目区内每年可减少泥沙流失量 23.52 万立方米、增产粮食 128.20 万公斤、增加木材产量 1400 立方米，年增加经济效益 495.54 万元。

（4）水土资源情况影响可持续发展水平

克山县黑土区的水土状况与大多数黑土区类似，破坏严重，地力下降。过度的养分流失将使得黑土区转向贫瘠，黑土优势不在，黑土区的农业可持续发展也将无从谈起。克山县在水土保持方面做出积极的反应，从多方面入手进行水土资源治理，也取得了较好的成效。从水土要素的角度看，随着克山政府加大水土资源治理力度，农业的可持续发展是可以实现的。

2. 资金要素

持续并有保障地投入资金是实现农业可持续发展的基本要求。在农业的可持续发展过程中资金的投入是关键因素。

（1）克山县政府为改善黑土耕地可持续利用状况投入了大量资金

从 2005 年至 2009 年，克山县在小型自流灌区方面总投资 562.6 万元，新增灌溉面积 0.73 万亩，改善灌溉面积 0.24 万亩，增产 328 万公斤。在小型扬水灌区方面总投资 313.2 万元，新增灌溉面积 0.32 万亩，改善灌溉面积 0.22 万亩，增产 161 万公斤。在抗旱水源工程建设方面总投资 3130 万元，总工程量 49.57 万立方米，其中砼方 0.73 万立方米，石方 0.84 万立方米，土方 48 万立方米。在小型井灌区方面总投资 307.4 万元，新增灌溉面积 0.46 万亩，改善灌溉面积 0.07 万亩，增产 49.5 万公斤。其间小型农田排水闸站、乡村河道建设方面总投资 807.29 万元，新增排涝面积 0.76 万亩，改善排涝面积 0.63 万亩，增产 53.75 万公斤。在水保治理方面，2005—2009 年间，总完成土方量 620 万立方米，总投工 260 万个，总投资 5800 万元。改造易旱耕地方面投资 6300 万元，节水灌溉工程投资 500 万元。截至 2016 年，克山县累计投入 4.4 亿元，实施了一批农林水重大基础工程。

克山县的投入为农业发展的可持续性奠定了坚实的基础。水土保持方面的基础性工作耗资大、周期长、见效慢，但又是保障农业生产持续发展的基石。因此，无论是在财政支出的配套方面，还是在水土保护政策的倾斜方面，政府均须做出积极的努力。

（2）资金的投入是黑土区农业可持续发展的重要外生影响因素

财政资金对水土资源保护和农业基础设施建设的投入是保障黑土区农业可持续发展的基础。在各方资金的通力配合下，黑土区的水土资源状况得以调整，为下一步的农业生产提供了基础条件。农户资金的投入则是保障黑土区农业产出状况的必要条件。在给定水土资源配置的前提下，在不可控的天气条件下，农户对生产的投入情况直接影响着土地的产出数量。在地方政府致力于水土治理的保障下，农户提高投入，在正常的天气条件下可以实现更高的产量。这表明，政府和农户在投入上的配合，有利于黑土区的农业可持续发展。

3. 劳动力要素

农村的人力资本状况也是影响农业生产的重要因素之一。人力资本状况会影响农民在生产中的各种决策，包括对生产方式、生产中的投入状况、新技术的应用等各种情况的选择。人力资本会在其他各项要素的基础上产生一个乘数效应，因此对农业生产影响很大。劳动力要素对生产的另外一个影响体现在劳动力的结构上。农村劳动力的年龄结构、性别组成、农业工作与非农工作的选择，都在影响着农业生产的可持续性。

克山县样本点的 100 户农户共有人口 297 人。其中男性 159 人，女性 138 人，平均年龄 48.89 岁，平均受教育年限 7.14 年。其中仅有 8 人拥有专业技术职称，6 人受过职业教育并获得了证书，2 人受过农业技术教育并获得了证书。

克山县农村的人力资本积累水平在不断提高。虽然体现在一个样本村的范围内，这一变化并不显著，但是从总体的趋势来看，农村劳动力受教育年限在不断提高。同时，农村的专业技术人员和参加过职业培训的劳动力数量也保持了一个上升的趋势。农民观念的转变、意识的提高乃至生产方式随之而来的调整，都为黑土区的可持续发展提供了机会。而且，样本地区农业生产比较收益仍然较高，农业生产在经济上具有可持续性。这无疑是黑土区农业发展的重大利好消息，展现了黑土区农业发展的较好前景。

从长远来看，农业劳动力向非农产业转移是农业发展的重要出路。无论是改善生产经营结构，还是农业的规模化经营，以及提高农村居民的收入，都需要推进劳动力的转移。因此，为了让黑土区负担更少的劳动力，需实行更为有效和可控的生产方式，提高黑土区农业生产的安全性和可持续性，在劳动力素质和结构方面积极进行调整。

4. 科技要素

高新技术的使用成为现代农业生产越来越重要的组成部分。生物技术和新能源技术的发展很大程度上推动了现代育种、现代农药和高效化肥技术的应用，智能化的工业技术则使得农业机械更加高效安全智能。科学技术与农业的结合使得农业可持续发展的前景变得更为乐观。

（1）机械的使用状况

从样本地区的机械使用状况来看，近年来克山县样本点的机械拥有量变动较小。农户对大型农业机械和运输机械并没有明显的偏好，拥有机械户数占总农户数量的比例也一直较低，近年来基本维持在 10% 的水平上。从农户历年的机械费用支出情况来看，2012—2017 年克山县样本地区在使用机械方面并无明显变动，机械费用支出占总生产支出的比重甚至有所下降。样本地区的地形以丘陵地带为主，农业机械的使用有所限制，大型机械难以发挥作用。正因为这一原因，克山县生产过程中的机械使用比例较低，机械化程度不高。

（2）化肥的投入状况

化肥的施用量一直是影响单位产出的重要因素。已有很多研究进行过测算，化肥施用量对我国粮食产量有着非常明显的正向影响。这一关系在样本地区同样明显。从农民生产支出中化肥占比的数据变化中可以看出，农户的化肥投入占总生产支出的比例已经在50%左右。化肥支出成为样本地区农业生产支出中的第一大项，而且这一支出的确对产出形成了巨大的影响。从目前的状况看，伴随着化肥的合理投入，大豆产出也基本保持同样幅度增加，表明目前当地的农地在施肥技术上属于可持续范围。

表5-1　克山县样本村农户历年化肥投入占总生产投入比例

年份	2012	2013	2014	2015
化肥投入占比（％）	48.02	37.64	37.73	51.57

（数据来源：农村住户调查数据）

（3）种子的投入状况

良种的使用可以保障作物的生产水平稳中有升。更多优良品种的引入，使作物在各种抗性方面均有所增强，无形中提高了种植的稳定性。样本地区的种子支出基本上保持了增长的态势，农民对优良品种接受和认可的程度不断提高，良种在未来农业生产中的重要性将越来越突出。种子投入在农民生产支出中的占比也保持了一个上升的趋势，由2012年的18%上升到2015年的22%。农民更加注重品种的差别，逐渐相信新品种的种植可以带来更高的回报。这样的改变使良种在农业生产中的应用更加普遍，在带来生产效率提高的同时，也提高了农业可持续发展的潜力。

表5-2　克山县样本村农户历年种子投入占总生产投入比例

年份	2012	2013	2014	2015
种子投入占比（％）	18.15	18.95	18.68	21.76

（数据来源：农村住户调查数据）

（三）克山地区农业可持续发展要素的总体评价

通过对克山地区水土要素、资金要素、劳动力要素和科技要素四个方面的分析，我们可以得到以下结论：

第一，克山县的水土资源先天条件优越，但是破坏严重。在政府的大力治理之下，水土资源状况得以改善。水土要素是农业可持续发展的先决条件，水土资源保护是农业可持续利用的基础工作。克山县在水土资源保护方面做出的努力为当地农业可持续发展创造了必要条件。

第二，在区域的农田水利基础设施建设上，资金的保障是必不可少的，这部分资金需要各级财政和农民共同负担。在农户个体的农业生产行为上，资金的作用则体现在对农业生产中各项要素投入的保障方面。克山地区在政府和农户两个层面均有较充裕的资金投入。

第三，在人力资本积累方面，克山县劳动力的人力资本水平不断提高，为农业发展提供了良好的条件。在劳动力的产业结构选择方面，克山地区的劳动力转移并不顺畅，样本地区的劳动力甚至向农业集中。劳动力的就业结构在一定程度上影响了该地区的农业可持续发展。

第四，克山地区受地区地势限制，农业机械应用推广速度较慢，但当地在化肥、良种方面的投入逐年增加，且使用效率较高，保障了对产出的高效拉动。在农药使用方面，样本地区还有发展空间。科技方面的巨大推力拓展了克山黑土区农业可持续发展的可能性。

总之，在克山地区，以良好的水土资源条件和政府的大力保护作为基础，以政府和农民两个层面上较为充裕的资金投入作为保障，依托由科技发展带来的高效农业生产资料，克山黑土区农业可持续发展的生产要素积累建设前景光明。

二、以吉林省榆树市为例

（一）地区概况

榆树市地处吉林省中北部，松嫩平原腹地，处于长春、吉林、哈尔滨三市构成的三角区中心，面积 4722 平方公里，有耕地 30.7 万公顷，总人口 125 万。有一个省级开发区和一个省级工业集中区，辖 24 个乡镇、4 个街道办事处、388 个行政村、2711 个村民小组。

榆树市属长白山山前台地平原区，有 4 座海拔 200 米左右的土石山，其余皆为平原。属中温带半湿润温和气候区，年平均气温 4 摄氏度，无霜期 135 天左右，年均降水量 500~700 毫米。榆树自然资源丰富，县内四个乡镇有松花江经过，九个乡镇有拉林河经过，卡岔河纵贯榆树市南北。榆树农业资源富足，是全国重点商品粮基地县之一，处于世界著名的黄金玉米带上，盛产玉米、大豆、水稻、高粱，素有"粮豆之乡"、"松辽平原第一仓"的美誉。

2016年榆树市粮食播种面积378706公顷，其中：玉米播种面积297249公顷，水稻播种面积70859公顷，高粱播种面积264公顷，谷子播种面积103公顷，大豆播种面积3450公顷，马铃薯播种面积6781公顷。2016年榆树市蔬菜播种面积10395公顷，瓜类播种面积1302公顷，烤烟播种面积399公顷。同年榆树市粮食总产量达到3393036吨，其中：玉米2758647吨，水稻562252吨，高粱2232吨，谷子449吨，大豆11784吨，薯类57672。农业总产值实现1884308万元，比上年增长3.8%，其中：种植业产值1053862万元，比上年增长3.7%；林业产值7306万元，比上年增长112.9%；牧业产值768929万元，比上年增长3.4%；渔业产值11436万元，比上年增长6.4%；农林牧渔服务业产值42775万元，比上年增长3.6%。

（二）榆树地区农业可持续发展要素的基本情况

1. 水土要素

（1）榆树地区水土资源流失严重

榆树市是吉林省重点治理的水土流失区之一，全市现有水土流失面积691平方公里，占总面积的16.1%，主要分布于东南部矮山丘陵区的4个乡（镇）及第二松花江二阶台地。水土流失成因以重力侵蚀为主，兼有风蚀及冻融侵蚀，每年土壤侵蚀模数为3500吨/平方公里，严重的第二松花江沟壑群土壤每年侵蚀模数高达83540吨/平方公里。由于水土流失，大量有机质被侵蚀掉，黑土层逐年变薄。目前榆树市东南部矮山丘陵区耕作层已呈现出白浆土的状态，其余地区黑土层不超过35厘米，水土流失的治理刻不容缓。

（2）榆树市在水土资源治理方面的主要工程及进展

榆树大沟水土治理项目于2005年3月开工建设，至今已完成工程项目包括：拦沙坝1座、石笼谷坊24座、编柳谷坊181座、活网栅拦泥坝90座、沟底护岸96米、截水沟2804米、拦蓄槽4100米、沟头防护2处、环沟步行路3487米、山众台阶路350米、下沟输水道3处、综合管理房210平方米、灌溉用水源井10眼、滴灌设备1套、输电线路1500米、新修进场路3900米、道路维修2350米、干根网状护坡39500平方米、蓄水式排水沟

1500 米、聚丙烯酰胺湖泊 6 公顷、生态修复围栏 14646 米、沟头挡土墙 1 处、沟头台田 3160 平方米、植物网格护坡 30700 平方米、沟头石笼护坡 1 处、涵管桥 2 座、蓄水池 15 座、苗圃 4 公顷、共植树 147.6 万株。

榆树地区的另一重大水土保持工程是国家农业综合开发东北黑土地重点水土流失治理榆树项目区工程，项目始于 2008 年 8 月，目前已治理坡耕地 1352 公顷，其中有等高耕作 397 公顷，地埂植物带 685 公顷，坡式梯田 260 公顷。建设谷坊 80 座，其中编柳谷坊 26 座，土谷坊 54 座。荒山造林 131 公顷，其中杨树 77 公顷，松树 34 公顷。栽植小灌木 365 万株，工程封禁 530 公顷。这一项目实施后，项目区水土流失得到了有效控制，基本农田利用得到了有效保障，生态环境得到明显改善，林草覆盖率显著增长，形成了较为良好的生态体系。

经过几年的建设，榆树大沟现已经形成了集拦、蓄、截、涵养为一体的综合防治体系，植被覆盖率达到 68.6%。每年土壤侵蚀模数降至 1000 吨/平方公里，水土流失得到了基本控制。

（3）榆树市水土保持方面仍需注意的问题

第一，加大建后管护力度。工程项目建设完工后，国家不设专人管护，委托项目区群众自己管护，这样很难保证治理成果。例如，有些地方所建的坡地改造项目人为损毁严重，有些农民在水土保持工程上开垦种地。因此，在项目后期需要采取措施加强管护，确保治理成果发挥应有的效益。

第二，加强对开发建设项目的监管。随着社会经济发展，开发建设项目不可避免地出现占用土地问题，由于措施不当，很容易造成新的水土流失。因此，必须加大对开发建设项目的监管力度，编制切实可行的水土保持方案，并监督执行，坚决控制人为的水土流失。

榆树市黑土区的水土资源破坏较为严重，改造项目相对不足，且项目后期的损耗较多，使得水土保持工作并不乐观。虽然榆树地方政府对水土改造工作非常重视，但水土流失形势严峻、财政支持不足以及农民主动性缺失等问题，使得榆树黑土区的农业可持续发展面临着一系列的困难。

2. 资金要素

资金持续并有保障地投入是实现农业持续发展的基本要求。无论是水土资源改造，还是农业生产条件的改善，或是先进科技的运用，都需要有大量资金的支持。

（1）榆树地区的水土保持工程资金供给较为困难

始于 2005 年的榆树大沟项目总建设投资 2167 万元，其中国家专项资金1300 万元，地方配套资金 867 万元。而始于 2008 年的国家农业综合开发东北黑土地重点水土流失治理榆树项目至今投资 2315 万元，其中国家农发资金 1219 万元，地方配套资金 609 万元，群众自筹及投劳折资 487 万元。

目前国家的工程项目建设资金投入要求地方政府必须拿出专项资金给予项目配套，项目区农民要自筹、投劳折资。由于榆树市地方财力有限，在筹集资金投入工程建设方面十分困难，加之农民的积极性不高，水土保持工程建设的推进难度很大。

（2）农户对农业生产投入与土地产出有重要关系

笔者走访了榆树市的部分农村。根据调查，样本村的种植业结构以玉米为主，户均种植玉米面积稳定在 20 亩以上。从整体趋势上看，农民对农业生产的投入是逐渐提高的，但是由于自然条件和农产品价格的影响，这一趋势也存在一些波动。在土地状况已定的情况下，天气条件是影响土地产出的重要因素。除此之外，土地的产出与农户的投入密切相关。在维持水土条件不迅速恶化的前提下，农户农业投入的增加可以保证农业生产的可持续性。

（3）资金投入是榆树市农业可持续发展的不确定因素

水土资源保护和农业基础设施建设是保障黑土区农业可持续发展的基础。由于榆树地区财政支出方面的约束，政府在保护水土资源方面的支出受到严重束缚。当地农民对农业的投资支出基本上保持了增长的态势，在一定程度上缓解了政府投资不足的困境。但是，财政对水土资源保护的投入是保持黑土区生态可持续的基础，地方财政的限制使榆树市农业可持续发展面临较大的不确定性。

3. 劳动力要素

（1）样本地区的劳动力总体状况

榆树市样本点的 50 户农户共有人口 192 人。其中男性 100 人，女性 92人，平均年龄 35.77 岁，平均受教育年限 7.20 年。其中仅有 3 人拥有专业技术职称，2 人受过职业教育并获得了证书，3 人受过农业技术教育并获得了证书。

近年来榆树市样本村的外出务工人数在逐渐增加，近五年户均外出务工人数由 1.29 人提高到 1.84 人。外出务工人员平均务工时间也有稳步提升。榆树市样本村的户均劳动力仅为 2.85 个，而外出劳动力达到 1.84 个，表明当地农民的农业收益不及务工收益，长期趋势上的劳动力转移十分明显。

（2）农业收益低于非农产业受益

榆树地区的劳动力状况与克山地区有着明显不同。在榆树样本地区，农民的文化素质不断提高，人力资本积累水平逐年增强，为农村生产方式的转变带来了可能。同时，农村劳动力选择在非农产业领域就业，对农村生产经营结构的改善和农业产业化、规模化的推进都具有重要的意义。相对来说，榆树地区农业生产的经济效益要逊色于克山地区，在外出务工比较收益较高的情况下，榆树地区的劳动力更多地选择非农产业领域就业。这在促进农业生产方式调整的同时，也为榆树地区农业可持续发展的劳动力要素储备敲响了警钟。

（三）榆树地区农业可持续发展要素总体评价

通过对榆树地区水土要素、资金要素、劳动力要素和科技要素四个方面的分析，可以发现：

第一，榆树地区的水土资源破坏严重，治理难度较大。当地政府在治理水土流失方面有所行动，但限于地方财政配套资金规模，在治理当地水土资源流失问题上力度稍弱。如果榆树地区的水土资源保护工作不能提高效率，增大规模，那么当地黑土区农业的可持续发展仍将面临较大的威胁。

第二，资金要素对榆树地区的可持续发展限制较大。由于地方财政资金有限，对水土资源保护方面的立项较为困难。国家财政、地方财政和当地农民的三方配套出资较难实施，水土保护工作难度大。当地农民在非农产业中的收入较高，对农业投入则相对积极性不高，这很可能限制当地农业的发展潜力。

第三，榆树市的劳动力转移步伐较快。由于非农产业可以获取更高的收益，榆树样本地区的劳动力非农就业比例逐渐提高，非农收益快速增长。这种情况非常有利于农业生产结构的调整、农业规模化经营水平的提高及农业机械使用的普及。当地人力资本积累水平的提高也为这样的转变提供了基础。从劳动力结构变化的角度看，榆树地区的农业可持续发展还存在着一定的优势。

　　总之，榆树地区水土资源的不利状况是困扰当地农业可持续发展的重要因素。由于地方财政约束和农民投入的积极性不高，农业的可持续发展面临着极大挑战。同时，当地的劳动力转移进程较快以及农业生产的机械化程度较高也是当地农业可持续发展的重要机遇。

第六章
农业可持续发展的经验借鉴

一、美国黑土区的农业经济发展经验

美国中部黑土区分布在北美洲密西西比河流域。密西西比河位于北美大陆中南部，发源于美国明尼苏达州西北部海拔 501 米的艾塔斯卡湖，干、支流流经美国 31 个州和加拿大 2 个省。流域面积 322 万平方公里，其中黑土区面积约 120 万平方公里。若以密苏里河的源头雷德罗克湖计算，密西西比河全长 6262 千米，为北美最长河、世界第四长河。密西西比河流域大部分是平原，俄亥俄河口宽 25 公里，顺流而下谷地逐渐加宽，一直可宽达 100 多公里。谷底大部分已经沼泽化了，河身异常弯曲，有许多旧河床和河曲。这里土壤肥沃，以种植小麦、玉米、大豆为主，是美国最大的玉米产地。在密西西比河下游，有最大的港口城市孟菲斯，是美国农畜产品的一个大的集散地，尤以盛产棉花、棉籽油和硬木等著名。

（一）美国黑土区的农业现代化过程

1. 农业缓慢发展期

美国 1776 年从英国独立时，美国黑土区的农业可以说是一种自给性的农业，不论是奴隶经营的种植园还是家庭农场，商品率都不高，劳动生产率较低，农民的人均收入也很低。尽管从 19 世纪 30 年代到"南北战争"之前，其农业经济有过一段好的时期，农业也经过了短暂的蓬勃发展，然而内战之后生产增加同国外需求减少、农产品出口降低的供求失衡导致了美国第一次农业危机的出现，美国黑土区的农业经济又进入了一个漫长的低谷，这种情况一直持续到 20 世纪初。值得一提的是，虽然这一时期美国黑土区农业发展总体上看来并不怎么景气，然而在 19 世纪中叶，美国农业出现了第一次技术革命，播种机、收割机、脱粒机开始出现，加之林肯政府号召做好农业教育、科研推广工作，美国黑土区地方政府积极响应这一号召，加大了在农村推行义务教育的力度，通过农业培训等各种方式来努力提高黑土区农业从业人员的文化素质，所有这些积极因素为美国黑土区以后的农业发展奠定了良好的基础。

2. 农业产业化格局形成时期

20 世纪初期，伴随着工业产业化的步伐，在工农产业联动机制的带动作用下，美国中部黑土区也开始积极探索农业产业化的有效途径。在这一时期，内燃拖拉机和汽车已经在美国使用，并由此推进了农业机械化的进程，这一期间爆发的第一次世界大战对农业机械化进程起到了进一步的推动作用。在农业机械化的带动下，黑土区的农民自发组织起来，形成各种合作社，如农业生产合作社，生产资料供应合作社，农产品加工、包装、储藏和销售合作社等。与此同时，区域内相继出现了一些专业化生产协会，一大批为农民服务的专业生产者协会如养牛协会、种植业协会等应运而生。为提高农场效益，农民开始采用机械耕作、运输，一些加工包装生产线开始投入使用。在农户需求的拉动下，区域内又相继地出现了一批农产品批发和销售市场，进一步为农产品的流通注入了生机，也为农业的进一步发展增添了活力。值得强调的是，在 20 世纪 20 年代初期，美国黑土区相继采用了当时生物技术革命的最新成果，广泛播种杂交玉米、杂交小麦等新品种，粮食产量急速上升。

然而好景不长，1929—1933 年整个资本主义世界爆发了严重的经济危机，使国民经济各部门比例严重失调，生产和消费脱节，出现了生产与消费的相对过剩。空前的经济危机首先冲击了农业，给农业造成了空前破坏。在这一大背景下，美国黑土区的农业也遭到了前所未有的破坏：农场因无力偿还贷款而丧失抵押财产；由于经济萧条，大量农产品无人过问；大批农民流浪到城市；大片耕地无人耕种被撂荒。从当时的情况看，虽然经济危机给美国黑土区的农业带来了灾难性的伤害，但也为区域内农业的后续发展带来了一些积极影响。如，尽管大批农民进城造成了农业劳动力流失，对农业发展不利，但从长远看，这一劳动力的转移过程为美国黑土区减少农村人口起了积极作用，加速了土地的集中，为黑土区农业规模化水平的提高打下了坚实基础。

3. 农业现代化初期

20 世纪 40 年代初，随着国内经济形势好转，美国黑土区农业也开始从低谷中苏醒。先前在农业教育、科研和推广方面的投入也已开始初见成效。加之农产品的国际市场日趋成熟，以及二战的爆发给美国黑土区的农业发展带来了极好的机遇，这些因素都促进了美国黑土区农业的快速发展。由于二战的主要战场在欧洲和太平洋地区，美国本土没有发生战争，不仅没有给美国黑土区的农业发展带来灾难，而且给美国黑土区创造了大发"战争财"的机遇。一战结束后美国政治长期奉行保守的孤立主义政策，只注重自身建设，不参与欧洲列强势力范围争夺。1939 年 9 月 1 日，二战全面爆发，美国宣布中立。战争迫使很多国家向美国大量购进武器和工、农业产品，为美国换取了大量的外汇并创造了大量的就业机会，使其工农业生产蒸蒸日上。正是由于工业、交通和服务行业的迅速发展为美国黑土区大量剩余劳动力找到了就业出路。加之，战时黑土区部分劳动力被征集起来，经过训练分配到了需要的地方，进一步转移了美国黑土区的剩余劳动力，致使黑土区的农业人口和农场数目进一步减少，为区域内农业进一步实现高度机械化和规模经营提供了便利条件。

随着时间的推移，二战结束后美国黑土区地方政府为了应对战后农产品价格下降的趋势，采取了生产控制计划和价格支持政策来推动地方农业的发展。虽然战后相当长的一段时间内（1945—1960 年）由于工业品价格的持续上涨给美国黑土区的农业发展带来了一定的压力，但是在地方政府的扶植下，黑土区农业发展也取得了一定的成绩，尤其是生产的各个环节已经实现了全盘机械化，使得很多农场由资本、劳动力集约型转向机械（技术）集约型，使得农场的集约化程度更高，经营规模扩大，生产效率提高。因此，这一时期美国黑土区农业现代化已经初露端倪。

4. 农业现代化时期

20 世纪 70 年代之后，美国黑土区农业发展稳定，并逐步迈向现代化。在第二次世界大战之前，美国就已经向许多国家提供粮食产品，而自 1970 年以来，随着农产品国际市场的发展，前苏联、印度和中国等农产品市场的开放，进一步为美国农业提供了庞大的市场支持。在这一大前提下，美国黑土区的农业也迎来蓬勃发展时期。现阶段美国黑土区农业已经处于高度发达的状态，现代农业机械进一步普及，现代通讯和信息技术特别是计算机技术得到普遍采用，现代生物技术也已广泛应用于农业，现代自动化技术开始走进大农场。加之黑土区肥沃的土质，农业产量较高，这些有利因素促使该区域成为了美国最主要的粮食生产基地和目前世界农业现代化水平较高的地区之一。

（二）美国黑土区的农业规模化经营

1. 农场制是美国黑土区农业规模经营的基本形式

规模化生产是美国黑土区农业的一大特点，农业规模化经营的基本单位是农场，它是在区域化布局、专业化生产的基础上，以适应商品化的需要而发展起来的。美国黑土区农场的历史可以追溯到殖民地时期，当时存在着多种形式的土地所有制，但主要是小规模农户经营。1783 年独立战争之后，美国的现代化工业基本上是空白的，除了丰富的土地资源外几乎一无所有。为了取得农业经济的发展和建设新国家所需要的资金，政府开始大规模出售公有土地，以拍卖、出售、赠予（作为报酬分给参战的士兵）等方式将土地划归私人名下。正是在这一背景下，美国黑土区的土地资源被私有化，区域内的农场制基本形成。但黑土区农场制形成的初期主要以小型农场为主，并且随着更多的土地被耕种，小型农场的数目随着时间的推移逐渐增多。直至 20 世纪 30 年代左右的经济危机爆发时，大量的农业剩余人口流向城市，农场数量锐减，土地进一步集中，区域内的农场规模才有了一定程度的扩大。到了第二次世界大战时，随着劳动力的进一步转移，土地的进一步集中，区域内的农场规模又有了新一轮的扩张。到目前为止，美国黑土区的农场制度经历了一系列变化，农场规模相应地也发生了改变。农场规模变化的总体趋势表现为：小型农场的比重急剧下降，中型农场比重趋于稳定，大型农场的比重有所提高。

2. 美国黑土区农场的组织形式

（1）家庭农场

在这种农场制度下，家庭拥有农场的产权，家庭成员是农场的主要劳动力，并在运营管理方面负主要责任，只有在农忙时节会雇佣一些临时工。农场的规模从占地几百英亩到数千英亩不等，其中大部分土地是农场主自身所有，也有部分土地是从他人之处租赁而来。需要强调的是，家庭农场是经营性质的农场，生产的目的不是为了满足农场主及其家庭成员的自身需要，而是为了面向市场，农产品的商品率很高。

家庭农场是美国黑土区农业生产的主要经营形式，至今仍在该地区的农业经济运行中占据着主导地位。究其原因：首先，美国黑土区的市场体系比较健全，尤其是农业服务市场较为发达，无论是产前、产中、还是产后都有专业化的服务组织来为农业生产服务，从而在一定程度上弱化了农业生产的规模效益。其次，家庭农场的经营主体是农场主及其家庭成员本身，作为农场的所有者在利益最大化的私人目标驱使下，具有根据农业生产力发展水平的变化不断扩大农业经营规模以适应规模经济要求的内在动力。最后，美国政府推行的一些对中小型家庭农场的保护政策也在一定程度上支持了家庭农场的发展。

（2）合伙农场

合伙农场是由两家或两家以上的家庭农场在自愿的基础上联合而成的共同从事农业生产经营活动的组织，多以生产方面或农业服务方面组成的合作社比较普遍。合伙人（多是家庭农场主）通过合伙协议约定共同出资，合伙经营，共享收益，共担风险。合伙农场的特点是生产者和经营者合二为一而利润并不独享，合伙人既是合伙农场财产的共同所有者和经营者，又都对合伙企业债务承担无限连带责任。

因为合伙农场多是在家庭农场联合基础上产生的，所以合伙农场通常也带有家庭农场的特点。合伙农场的产生多是由于规模经济引起的，因为农场规模过于狭小，在大型农业机械利用、组织专业化服务等方面会承担过高的成本，因而两个或两个以上的小型家庭农场联合起来组成一个合伙农场则成了很好的解决办法。也正是由于这个原因促使合伙农场的规模效益比家庭农场好，但组织效率却要低于家庭农场。由于组织效率较差，合伙农场在美国黑土区所占的比例较少，在 20 世纪 60 年代以来逐渐有下降的趋势。

（3）公司农场

公司农场是美国黑土区农场数量中比重最少的一种组织形式。所谓公司农场就是"公司＋农场"的形式，形成通常有两种途径：一种途径是家庭农场在做大做强以后为进一步扩大经营规模而采取的公司组织形式；另一种途径是工业企业直接投资建立农场。公司农场明显具有公司制的特征，那就是所有者和经营者分离，而且利润也不独享。也正是由于所有权和经营权的剥离，促使公司农场的内部工人的效率与积极性都赶不上家庭农场。因此，要想使公司农场保持良好的发展势头，加强内部管理是非常必要的。不过相对于家庭农场来说，公司农场通过规模经营能够减少中间环节，可以通过内部分工的优势使农场向专业化发展，因而有利于增加利润。

美国黑土区的公司农场具有以下特征：首先，公司农场的经营规模较大。因为公司农场本身就是规模经营的结果，只有家庭农场发展到一定规模以后才会考虑公司制的形式。其次，公司农场很少从事兼业经营。美国黑土区的小型家庭农场常常因为规模有限，生产空闲时间较多，获利能力不强等因素，依靠兼业经营来维持农场的生存。而公司农场由于规模较大、生产专业化等条件，一般都是以农业收入为主营业务收入，很少从事兼业经营。最后，公司农场的日常运作较为规范。公司农场和公司制企业一样，分工较为专业化，多采取股份制的形式，出资人按照拥有农场股份的多少来行使其表决权，这些都是公司农场规范化运行的有利条件。

3. 美国黑土区农场的特点

（1）农场土地的私有化

农场的土地无论是农场主本身拥有，还是农场主从他人处租赁所得，土地都是作为私有财产而存在的。土地所有者拥有对土地收益分配和处分的权利，土地所有者在土地转让、租赁、抵押、继承等各方面也都具备完全的权利。即使地方政府基于某种公共需要征用土地，也必须与土地所有者达成一致的协议，否则征用计划就要搁浅。

（2）经营规模化

美国黑土区的农场规模较大，即使是小型家庭农场的生产经营面积也在几百英亩以上，大型农业机械是其主要的劳动工具，具有明显的规模农业的特点。

（3）生产经营专业化

美国黑土区的每个农场一般只生产一种或两种农产品，都是专业化的农场。例如黑土区范围内的多数农场都只生产玉米一种农产品，并且还是严格按用途分类进行专业生产的，制药用途、饲料用途、粮食用途的玉米都是划定专门的生产区域来进行种植，而不是笼统地组织生产。并且多数农场都加入了针对经营专业化的农业协会，以利于农场的进一步专业化生产。

（三）美国黑土区的农业市场化经营

美国是市场经济高度发达的国家，市场调节充分地体现在国家经济生活的各个方面，即使在农业领域，市场机制仍是农业发展的主要指导原则。美国黑土区作为美国主要的农业主产区之一，其农业市场化程度已经达到了高度发达的状态。

1. 劳动力资源市场化

美国黑土区的农场已经处于高度机械化的发展状态，平时需要劳动力较少，农场主及其家庭成员的劳动完全可以应付农场运行对劳动力的需要。然而在农忙时节，当农场主及其家庭成员的劳动不能满足农场运行需要时，劳动力市场则成为解决需要的首选途径。美国黑土区劳动力市场非常发达，劳动力的供给方（劳动者）和劳动力的需求方（农场等）完全可以通过市场供求机制自主达成劳动契约关系。劳动力的主要来源是没有固定工作的城镇富余劳动力。

2. 土地资源市场化

美国黑土区的农用土地基本上都是私人所有，土地作为一种私人财产是受到法律的承认和保护的。土地所有者完全可以按照自己的意愿以转让、买卖、租佃和抵押等方式来处置自己所拥有的土地。这样，土地作为农业生产的核心要素可以自由地在美国黑土区土地市场上进行流转，按照市场原则达到最佳配置状态。农民可根据自己农场发展的需要购买土地，扩大农场规模。当农民在城市找到称心的工作后，随时可将土地卖给其他农民。土地资源在市场机制下的优化配置使得农业机械化要求的土地资源高度集中变得很容易实现。

3. 劳动资料市场化

美国黑土区农民所需的种子、化肥、农药、农业机械等劳动资料都是从劳动资料市场上获得的。由于美国黑土区市场经济高度发达，市场竞争程度较为激烈，劳动资料市场明显具有买方市场的特征，农业所需的各种劳动资料供过于求，迫使生产厂家千方百计地推销产品，提供咨询、服务以占领市场。这样，美国黑土区的农民由于面对着农业劳动资料供应的多种选择，可以根据自身的实际需要来购买劳动资料，很少会因为伪劣假冒劳动资料的原因而耽误农业生产的进行。

4. 农产品销售市场化

美国黑土区的农业生产完全是面向市场进行的，为了尽可能地占有国内、国际市场，美国黑土区农业实行了贸工农一体化的组织格局。农业生产部门内部、农业生产部门与其他产业部门之间实行了一定形式的联合，确保了农业活动的产前、产中、产后的专业化生产与分工协作得以顺利实现，使得农产品的生产、加工、消费有机地联系在一起，扩大了农产品的市场竞争力。例如，基于提高产品竞争力的需要，不仅在生产环节大力发展绿色农业、精细农业等特色农业，而且在产品加工环节也苦费心思生产出精加工的特色产品；为了确保农民能够及时准确地了解市场信息，地方政府投入了大量的人力、物力进行信息的搜集与传播工作，分析各个国家、地区的农产品产量、需求、库存及价格等信息，并通过卫星、广播、电话、寄信等各种方式传达给农民，以确保区域内的农产品能够充分地占有市场。总之，美国黑土区农产品销售完全是在市场机制的指导下完成的，农业活动在农民和地方政府的双重努力下生产出了大量优质的、符合市场需求的农产品，并且顺利地在市场上实现了价值，从而保证了农业效益的不断提高。

（四）美国黑土区的农业可持续发展

美国作为农业现代化高度发达的国家，很注重农业的可持续发展。美国黑土区作为美国非常重要的一个农业区，对农业生态环境的保护工作也是卓有成效的，非常注重农业经济与生态环境的协调发展。在美国黑土区，由于欧洲移民的开垦，"1933 年的一场'黑风暴'卷走了约 3 亿立方米的黑土，小麦减产约 50 亿公斤。同时，风蚀土壤与有覆盖的土壤相比，其团粒结构破坏严重"。① 自从"黑风暴"之后，美国的联邦政府和黑土区地方政府逐渐认识到黑土区的土壤保持工作的重要性，增加了对农业基础设施建设的投入，并加强修建了一批农田灌溉系统。同时，土壤利用与保护研究得到了农

---

① 范昊明，蔡强国，陈光，崔明. 世界三大黑土区水土流失与防治比较分析 [J]. 自然资源学报，2005（3）：387－393.

业企业、州和联邦政府、基金会和其他组织的资助，使得这项工作得以顺利开展。这一时期美国黑土区有机农业、生态农业的发展模式已经初现端倪。有机农业、生态农业等就是反对在农场施用化肥、农药，强调生态环境保持第一，试图用绿肥秸秆替代化肥，用天敌、轮作替代化学防治，用少耕免耕替代翻耕等。20 世纪 80 年代初，美国黑土区在有机农业、生态农业基础上，提出了可持续农业的概念，普遍推行休闲轮作、残茬还田免耕等保护性耕作技术。可持续农业注重农业生产环境的改善和农田生物多样性的保护，提倡农业清洁生产，适度使用对环境友好的"绿色"农用化学品，实现环境污染最小化。为了维护黑土区的农业生态环境，联邦政府和地方政府分别出台了一系列法规，把农药、化肥等的投放量控制在适合的标准，维护水土资源的自然属性，如果超过规定的标准使用农药、化肥等则会受到相应的经济处罚。时至今日，美国黑土区的农业发展非常注重农业资源的"再循环"、"再利用"等循环农业发展思想的应用。例如，许多农场利用土地处理系统处理污水，属于典型的循环经济自然模式；美国黑土区许多农场都采取农牧结合的一种经营模式。农场注重养殖业与种植业之间在饲料、肥料等方面的物质循环关系，基于养殖业规模来调整种植业的结构。种植业为养殖场提供饲料，养殖场的动物粪便或通过输送管道或直接干燥固化成有机肥归还农田，既防止环境污染又提高了土壤的肥力，这是典型的农业可持续发展模式。

（五）美国黑土区农业经济发展的经验借鉴

美国黑土区农业经济发展的现代化水平较高，已经实现了规模化、机械化、信息化的作业，其农业经济发展的过程为我国的东北黑土区提供了宝贵的经验。但是也应该看到，美国黑土区处于经济高度发达国家，市场化比较成熟，而我国东北黑土区的农业现实有着不同于美国黑土区的现实背景。因此，我们对于美国黑土区的农业经济发展经验，只能选择符合我国东北黑土区农业实际的经验来借鉴参考，而不能盲目地照搬，以免对东北黑土区的农业发展造成误导。纵观美国黑土区的农业实践，我国东北黑土区应吸纳以下几方面的经验：

1. 重视农业教育与科技研发推广工作

自 19 世纪 60 年代以来，美国黑土区地方政府在联邦政府的配合下通过立法开始狠抓农业教育和农业科研工作，到 20 世纪 20 年代，基本建立起了完整的教育、科研、推广相结合的体系，为现阶段美国农业的高科技化打下了坚实基础。近年来美国黑土区农业科技革命的一个显著标志就是不仅在农业生产领域应用高科技的农用机械，还把科学领域的最新科研成果投入到了农业生产领域，例如以基因工程为核心的农业生物技术和以 GPS 为核心的监测设备的应用等。所有这些都是与美国黑土区推行的农业科研教育体系分不开的。在这个体系下，美国黑土区不仅走上了高科技农业之路，还培养了一批又一批的适应高科技的农民，为黑土区农业生产科技水平的进一步提高做好了准备。因此，改变目前我国东北黑土区农业科研与推广相脱节的机制已经刻不容缓。东北黑土区应通过多种渠道筹资建立专门针对农业科技研发和推广的基金组织，形成农业教育、科研、科技推广三位一体的科技服务体系，促进农业科技成果的转化，同时促进劳动者素质的提高。

2. 完善农业支持与保护体系

美国黑土区农业完全是市场化的农业，市场调节在农业经济的发展运行中起主要作用。从土地资源、劳动力资源的配置到生产资料市场、产品销售市场的运行几乎全由市场调节。20 世纪 40 年代以后，美国黑土区的农业逐渐趋向国际化，国际市场份额成为农产品销售的一个重要出路，为了占领国际市场，美国黑土区的农业生产时刻在为提高农产品的市场竞争力而努力着。然而即使是高度市场化的农业经济，美国联邦政府和黑土区的地方政府也没有忽视农业支持与保护体系的建设工作，高度重视对农业的扶持。例如，向农民提供低息和贴息贷款，提供优惠的保险计划，政府在国外使馆派驻农业官员帮助农民开拓外国农业市场等。在联合政府和地方政府的双重扶持下，美国黑土区的农业竞争力得到了进一步加强。我国东北黑土区农业市场化水平不高，尤其是加入 WTO 以后，农业发展在一定程度上受到了发达国家农业的冲击，因此对我国东北黑土区的农业扶持势在必行。必须加大政府的财政支农力度，加大财政补贴的范围和力度，加强对农业基础设施建设、农业科技教育的扶持，完善粮食等主要农产品的价格保护制度，特别是对农业生产环节的直接补贴。同时应积极完善农业信贷、保险机制，积极发展支农金融服务。

3. 生产规模化与经营产业化

20 世纪初期，美国黑土区的农场规模还很小。目前，区域内农场的平均规模已达几百英亩及以上。美国黑土区的农场基本上脱离了劳动力密集型经营，现在大都成为了大规模的机械化农场。在农业发展的过程中，行业分工越来越明显，产业化程度也越来越高。农民按照批发商的订购合同组织农产品生产，加工商根据批发商对农产品的质量和规格要求，对生产者提供的产品进行加工，然后交由批发商组织销售，从而实现了农产品的产前、产中、产后的有机联合。农场规模的扩大也迫使农场逐步实行专业化的生产，区域内的玉米带、小麦带、水稻区等划分十分清楚。并且不仅在地理上形成专业化的生产布局，单项品种生产也日趋专业化。例如，工业用途粮食产品、饲料用途粮食产品、食用粮食产品等分类特别详细，从而适应了市场的不同需要。随着农业生产专业化水平的提高，各种为农业服务的组织或合作社应运而生。这些组织既包括联合政府和地方政府为扶植农业发展而设立的公立组织，也包括农场主自发组成的行业协会等。目前，我国东北黑土区还存在着人多地少的矛盾，劳动力转移问题没有得到有效解决，距离可以应用大型农业机械的规模化经营还有很长一段路要走。而且农业产业化水平较低，生产不够精细，还没有形成专业化生产。在这方面我国东北黑土区应多向美国黑土区学习，根据区域内的农业现实选择合理的路径努力提高农业经营产业化水平和生产专业化水平。

4. 加强对农业自然资源的保护

"黑风暴"使美国黑土区看到了破坏自然环境所带来的灾难，因此美国黑土区非常重视农业生态资源的保护工作，并采取了相应的措施。这些措施包括：加强基础投入来修缮农业水利灌溉系统，保持农业水土资源的相对稳定；规定农业生产过程中使用农药、化肥等化学品的标准，避免农业土壤受到过度的伤害；以农业补贴手段推行休闲轮作制度，以保持黑土区耕地的肥力；通过农业与畜牧养殖业的协调发展，把畜牧养殖业产生的有机肥归于耕地，促进农业的循环发展。我国东北黑土区农业基础设施薄弱，水土资源流失严重，加之农户经常为了短期目标使用超标的化肥、农药等，所有这些都促成了东北黑土区农业生态环境的逐渐恶化。因此，中国东北黑土区应向美国黑土区学习对农业自然资源的保护经验，促使农业经济与生态环境协调发展。

5. 健全的法律体系是实现农业可持续发展的制度保障

美国农业现代化的过程让我们看到，美国政府在不同的发展阶段都会根据国情和经济规律制定和推行一套行之有效的农业政策，有力地推动了农业的发展，这是美国农业现代化进程中的一个决定性因素。1862 年的《宅地法》使农民获得了发展农业的土地，林肯总统签署的《农业部组织法》使农业的发展有了中央指导的组织机构，此机构的建立为农业的发展奠定了良好的基础。美国国会通过的《莫里尔赠地学院法》为举办农业科研院所大开方便之门，使遍布全国的农业院校为发展农业培养了源源不断的优秀人才。1983 年，美国就制定了有机农业法规，对有机农业进行了界定。1985 年美国通过了《可持续农业教育法》，1986 年又通过了《可持续农业法案》。

6. 政府的干预和调控是农业可持续发展的关键

针对农业生产的调控，总的说来不外乎是直接干预型、间接调控型，还有二者相结合的类型。美国政府根据一贯市场自由的传统，在对农业生产的干预上，也是采取了间接调控的做法，使政府和农场主双方的积极性都得到了发挥。

美国政府对农业的干预一直以间接干预为主，其目的在于充分调动生产者的主观能动性。其特点是把政府的调节意图建立在农户自觉自愿的基础之上取得双赢的结果。例如，美国农业进入机械化阶段以后，由于生产力的大幅度提高，产量巨大，这样就出现了价格下跌和粮食大量积压的现象。在此情况下，美国政府采取了两项措施，一是收购余粮用于出口，二是让农民"休耕"，减少耕地面积。政府通过给予奖励和补助的办法来让农业"休耕"，减少耕地面积，而不是采取行政命令来达到该目的。政府又通过其他各种渠道和方式为农业的发展提供条件和良好的政策环境。例如，在出口方面美国首先制定了完整的出口信用担保计划，包括商业出口信贷担保计划、供货方信用担保计划、设施担保计划等。此外，政府制定了完善的市场开发计划，包括市场增长计划、国外市场开发合作计划、优良农业样品计划、新兴市场计划、网上协助出口商行动计划及全球市场战略等，从而为美国产品的市场拓展打下了良好的基础。美国政府还针对技术贸易壁垒，展开了生物技术与农业贸易计划及特产农作物技术支持计划，从各个方面消除和打破国外在卫生与植物检疫及其他方面采取的技术壁垒。同时政府还下大力气进行出口增强计划及奶制品出口奖励计划，支持美国农产品进军国际市场。

7. 相对稳定的土地所有权是保障农业可持续发展的良好基础

美国农业发展中，土地所有权相对稳定，使农业发展始终在良性的轨道上运行，这也是掠夺地力的现象较少的主要原因。农业发展中，土地是一切农作物种植的基本生产条件，若这个基本的条件经常处于不稳定状态之中，就会出现地力衰退的后果，同时人们也势必不会进行长期和大规模的投入。因为农业生产的周期长，不像工业、商业，可以在短时间内收回投资成本。农业生产首先就得投入，而投入的收回一般需要较长的时间。土地所有权的相对稳定，解决了农业生产上的短期化问题，也解决了农民对农地使用的后顾之忧。农民一旦拥有一块土地，完全可以放心地进行长期投入，以保证能收回投资并获利。

二、乌克兰大平原黑土区的农业经济发展经验

乌克兰大平原黑土区分布在欧洲东部的第聂伯河畔，是前苏联重要的农业生产基地，盛产土豆、小麦、玉米、甜菜等多种农作物产品，素有"欧洲粮仓"之称。欧洲这块世界上最大的黑土区面积约为 190 万平方公里，分别位于苏联解体之后的俄罗斯境内和乌克兰境内。其中俄罗斯境内黑土区位于俄罗斯中部，包括别尔哥罗德州、沃罗涅日州、利彼茨克州、唐波夫州、库尔斯克州等，面积约为 120 万平方公里，乌克兰黑土区位于乌克兰境内中南部的草原和森林地带，面积约为 70 万平方公里①。现今，俄罗斯境内的黑土区和乌克兰境内的黑土区虽然位于不同的国家境内，但由于拥有着相同的农业自然资源和相似的历史文化背景，其农业发展历程也基本上大同小异。

（一）乌克兰黑土区农业经济发展的历史演变

1. 村社农业时期

乌克兰大平原黑土区垦殖较早，其垦殖史可以追溯到 9 世纪东斯拉夫人

---

① 本部分数据根据乌克兰黑土区面积占世界黑土区面积23%这一精确数据估算而得。

以基辅为中心形成的罗斯国家（史称基辅罗斯）。当时，乌克兰大平原黑土区内就已经出现了村社，并且在 1930 年以前一直是乌克兰大平原黑土区农业中占据主导地位的社会经济组织形式。村社是成员集中居住，土地公有并定期重分的一种农业社会基层组织。这种组织不仅是当时乌克兰大平原黑土区农村的主要经济组织形式，而且是当时主要的社会组织形式，还是农业劳动者的生活方式。村社最早出现时，罗斯大公、王公和贵族剥削村社农民的主要方式是征收贡物，村社农民尚未农奴化。直至 11 ~ 12 世纪，随着生产力的发展，封建主从征收贡物转到侵占农民的土地。村社自由农民中分化出来的富人也开始大量掠夺土地，王公和贵族也疯狂地扩充地产。失去土地的农民便处于对封建主的依附地位，受其奴役，从而村社组织带有了农奴制的色彩。随着时间的推移，不论是 13 ~ 15 世纪乌克兰大平原黑土区处于蒙古人控制之下的外族入侵时期还是 15 世纪末的沙皇统治时期，这种农奴制不但没有瓦解，反而有了进一步加强的趋势。直至 1861 年的农奴制改革，这种情况才有所改观。1861 年的农奴制改革实质上是走了一条"普鲁士道路"①。改革法令规定地主占有的村社土地成为其法定的私有财产。地主放弃对农奴的人身控制，放弃农奴主（公社主）的地位。与此同时，农奴获得人身自由，并被允许占有一定的份地和宅旁园地，但必须交纳一定的赎金赎取。尽管农奴制被打破，但是村社仍是乌克兰大平原黑土区此时农业生产的基本组织形式。俄罗斯的村社经历了几个世纪，虽然剥削关系几经变化但始终没有摆脱小农经济的实质，由始至终都是一种闭塞的小农经济。

2. **集体化农业时期**

1930 年伊始，乌克兰大平原开始了全盘集体化行动，其影响之深今日犹令我们记忆深刻。虽然在 1930 年以前，乌克兰大平原黑土区曾经发生了旨在摧毁村社的斯托雷平土地改革，但是由于其在政治上的保守性，并没有对村社制度带来太大的冲击，而苏联的全盘集体化改革则使黑土区内的农业生产方式彻底发生了变革。全盘集体化的缘由是多方面的。其思想根源应该上溯到以列宁为首的布尔什维克党对于社会主义、市场经济、农业社会化等许多社会主义建设理论问题的认识。而在斯大林当政时期，其对市场经济认

---

① 地主经济缓慢地从农奴制经济转变为资本主义经济。

识的主观错误事实上导致了全盘集体化的实行。在集体化的过程中，乌克兰大平原黑土区的农民都在极短的时间内加入了集体农庄。这一时期，对集体农庄存在着片面的理解，认为农庄的规模越大越好。在片面理解大农业的优越性的思维方式指导下，集体化不仅贪快，而且求大，黑土区农庄的平均土地规模达到了 800 公顷左右①。并且在公有化浪潮中，充公的对象已经超出生产资料范畴，连日常生活用品都要充公。全盘集体化在短期内迅速解决了粮食收购问题，但这并不是大农业优越性的体现，因为它对生产力的破坏立刻就显现出来。被赶入集体农庄后，农民多以消极怠工的形式进行反抗，其结果是农业生产效率的下降。随着时间的推移，集体化农业的弊端更加进一步地显现出来，虽然集体化农业具有实现规模效益的潜在优势，但从长远来看，激励机制的缺乏使这种潜在优势难以充分发挥出来。至 1991 年，随着乌克兰大平原黑土区农业私有化改革轰轰烈烈地展开，集体农庄最终退出了历史舞台。

3. 私有化改革期

1991 年底，世界上第一个社会主义国家苏联在没有战争和外敌入侵的情势下自行解体。这样，乌克兰大平原黑土区自然而然地被分割成俄罗斯境内的中央黑土区和乌克兰境内中南部的黑土区。20 世纪 90 年代，在整个国民经济急剧转轨的大背景下，俄罗斯政府开始了以产权改革为中心的农业改革。当时的俄罗斯联邦最高苏维埃主席叶利钦签署了《俄罗斯苏维埃联邦社会主义共和国土地法典》，该《土地法典》取消了 1917 年革命后确立的单一的土地国有制，以法律的形式承认了私有制的合法性。土地私有制通过俄罗斯宪法进一步得以确立。在此基础上，俄罗斯实行了以土地私有化和改组集体农庄、国营农场为中心的大规模农业改革，俄罗斯政府希望通过土地产权制度的变革，改变多年以来农业在国民经济中的落后地位，促进农业的恢复和发展，进而为整个国民经济的恢复和发展奠定良好的基础。在这个"休克疗法"背景下，俄罗斯中央黑土区境内的集体农庄纷纷被私有化或被瓦解；与此同时，乌克兰境内黑土区的农业私有化改革进程丝毫不落后于俄

---

① 沃尔伏·拉德钦斯基. 苏联农业的社会化：集体农庄和国营农场的真相［M］. 北京：商务印书馆，1963：28.

罗斯境内的黑土区。1991 年 3 月 15 日乌克兰内阁正式宣布，"乌克兰全部国有土地是土地改革的客体"①，该决议形成了乌克兰土地改革的立法基础。由于法律承认了对土地的私有，从而保证了不同管理形式权利的平等性，因此，私有农庄在乌克兰境内的黑土区逐渐展开，辅助家庭农场的面积也逐渐扩展。凭借对土地和资产的股份，农工可以确定他们在原有集体农庄的份额，并有权处理他们自己的股份。自 1990 年以来，乌克兰黑土区的土地利用方式已发生了一些变化。"1991 年，土地私有和多元经济结构已经建立。土地非国有化及私有化进程正在进行，不同的企业形式不断发育，主要以补贴农场、个体农场及集体工作形式的不同管理方式存在。"② 总之，乌克兰大平原黑土区自实行私有化改制以来，虽然农业经济情况不太理想，但是已经处于经济恢复期，已经从最困难的时期渡过来了，农业经济形势也逐渐好转。

（二）乌克兰大平原黑土区的农业规模化经营

乌克兰大平原黑土区的农业规模化经营主要体现在集体农庄时期。在 20 世纪 80 年代，乌克兰大平原的农业生产在当时是处于世界领先位置的。由于集体农庄的平均经营规模较大，加之区域内劳动力稀缺的经济现实，农业生产基本上属于土地密集型的生产方式，大型农业机械在生产中应用普遍，基本上实现了农业机械化。在规模经营的条件下，乌克兰大平原黑土区发展了独具特色的七区或八区的草田轮作制，促进了农牧业的结合发展，保持并延续了土壤的生产力，促进了农业的持续发展。虽然近年来随着私有化改革的推行，无论是俄罗斯境内黑土区还是乌克兰境内黑土区的集体农庄都被私有化了，但是集体农庄的经营方式对乌克兰大平原黑土区农业生产的影响是深远的。即使是在现阶段，区域内的部分农民仍然联合起来，在土地私有化的基础上组建生产联合组织，以私有农庄的形式进行生产。现阶段乌克兰大平原黑土区的农业生产虽然没有全盘国有化时期集体农庄的平均规模大，但是由于俄罗斯与乌克兰都是土地资源相对丰富的国家，因此乌克兰大

---

① 林治华. 乌克兰农业所有制改革及其特点 [J]. 俄罗斯中亚东欧研究，2003（4）：44 - 45.

② 刘晓冰，宋世绵. 乌克兰的农业改革及其研究方向 [J]. 世界农业，2000（4）：8 - 9.

平原黑土区的农业生产都保持在一定的规模以上，规模化经营水平还是很高的。总结起来，乌克兰大平原黑土区农业规模化发展主要在调整农业区域布局和优化资源配置方面下功夫，加快农业资源整合，调整和优化农业生产经营布局，大力推进农业区域化布局、规模化生产、集约化经营，同时着力培育支柱产业，加快形成具有强大竞争能力、良好经济效益的区域农业发展新格局。

（三）乌克兰大平原黑土区的农业市场化经营

苏联解体之后的土地私有化运动为乌克兰大平原黑土区农业市场化提供了良好条件。区域内的土地私有化首先是农用土地制度的变革。在这个过程中，无论是俄罗斯还是乌克兰都采取了激进的做法，其农业改革的基本思路是将土地转移到农民手中形成新兴的农场主阶级，由他们支持和推动农业经济的发展。经过一系列变革之后，乌克兰大平原黑土区农业摒弃了原有的计划经济的特征，走上了市场化农业路线。乌克兰大平原黑土区农业私有化改革虽然改变了原先的计划调节手段，同时带来了农业生产方式的变革，但近年来国民经济整体状况不景气，农业生产逐渐向自然农业方向发展，致使要素市场、产品市场、农业资本市场的流转都不够顺畅，农业市场化的推行也受到了一定约束，于是多数农民开始了辅助性农业经营。尽管这种方式不仅减轻了因为工资下降而带来的生活压力，还吸纳了部分失业人员，但是由于这种方式所采用的经营方法和生产技术都是极其落后的，因而阻碍了农业生产的现代化进程。如今，由于乌克兰大平原黑土区农产品竞争力的下降，农业产出不仅丧失了大部分国际市场，而且还丧失了部分国内市场，现今"欧洲粮仓"的商店货架上摆满了大量的国外农产品。总体上说，乌克兰大平原黑土区现阶段的农业经济还处于恢复期，农业市场化建设水平虽然有了一定程度的提高，但农业经济的市场竞争力还比较弱。

（四）乌克兰大平原黑土区的农业可持续发展

在 20 世纪 20 年代末，乌克兰大平原黑土区由于过度毁草开荒等原因，地表植被破坏严重，水土资源大量流失。1928 年"黑风暴"几乎席卷了整个乌克兰地区，一些地方的土层被毁坏了 5～12 厘米，最严重达 20 厘米。[1]

---

① 范昊明，蔡强国，陈光，崔明. 世界三大黑土区水土流失与防治比较分析 [J]. 自然资源学报，2005（3）：387－393.

"黑风暴"的出现，使乌克兰大平原黑土区认识到了黑土资源保护问题的迫切性，并相应地采取了一些措施。例如区域内的农业生产分别采取了保土轮作、保留根茬、套行耕作、无犁壁耕地等办法，加强了对耕地资源的保护。随着可持续发展理念的推广，乌克兰大平原黑土区内的农业生产对农业生态环境的重视也日益加强。现今，不论是乌克兰黑土区还是俄罗斯黑土区都在原有保护黑土区资源方式的基础上进一步加强了资源保护的相关立法工作。例如，乌克兰政府先于 1991 年通过了《乌克兰自然环境保护法》，随后为了保证这一制度的有效实施，于 1995 年又通过了一项《乌克兰生态鉴定法》，这一立法使乌克兰境内的黑土资源保护工作真正做到了有法可依；俄罗斯在 2001 年修订颁布的《俄罗斯联邦土地法典》也为俄罗斯黑土区内的耕地资源保护问题提供了基础性法律保障。需要指出的是，尽管乌克兰大平原黑土区比较重视土地等农业自然生态资源的保护工作，区域内部分地区农业生产也贯彻了农业可持续发展思想，但是受到经济不景气的限制，农业经济的重点还在如何提高农业竞争力、增加农业产出等方面，并没有足够的人力、物力来从事可持续农业的发展工作。因此，乌克兰大平原黑土区内的农业可持续发展还处于萌芽状态，可持续发展模式还没有在区域内被广泛推行。

（五）乌克兰大平原黑土区农业经济发展的经验教训

苏联解体后乌克兰大平原黑土区内实行的私有化改革给区域内的农业发展带来了一定的转变。原计划经济体制下的区域分工一下子就被打乱，经济开发上的互相支持、互相依赖的布局突然变成相互独立、相互竞争的局面。在新的市场体制尚未形成的初期，农业经济发展秩序一片混乱，严重制约了经济发展。乌克兰大平原黑土区农业经济改革给当地经济发展留下了深刻的教训：

1. 改革必须符合本地区的经济现实

经济体制改革是经济领域里的一场革命，它涉及生产资料所有制形式的调整，涉及各方面权益的转移及其积极性的发挥。因此，要使体制改革顺利进行，必须顺应规律，合乎国情。乌克兰大平原黑土区照搬建立在土地私有制和现代化基础上的西方家庭农场的农业发展模式，以激进的方式对土地进行私有化，彻底改组集体农庄和国营农场，这种按照别人固定模式进行的改革使政府丧失了自己制定和实施政策的独立性，非但没有解决乌克兰大平原黑土区的农业发展问题，反而使区域内农业陷入了更深的困境。

2. 所有制形式不是决定农业发展的唯一因素

乌克兰大平原黑土区的农业改革实行了"把大划小"方针，把数量众多的集体农庄、国营农场分割开来，重新组建成私人农场和农户家庭。通过土地私有化固然可以刺激农业生产者的积极性，但这并不是决定农业经济发展状况的唯一因素。如果私有化后的农业主体还不具备应用高新技术以适应现代化农业生产的能力，那么这种私有化改革也未必会促进农业经济的发展。

3. 政府对农业发展的支持必不可少

乌克兰大平原黑土区的经济改革过程中，农业发展缓慢也有政府支持力度不足的原因。农业是一个脆弱的产业，在俄罗斯和乌克兰政府疲于应付经济萧条的同时也减缓了对黑土区农业生产的支持力度，致使扩大再生产能力有限的农业主体很难继续扩大农业生产，进而导致农业经济萎靡。

4. 以丰补歉思想阻碍了对农业灾害的认识

由于乌克兰大平原黑土区人少地多的农业现实，人们广种薄收的思想相当浓厚，而隔三间四的丰收年又淡化了人们的忧患意识。由于农业主体缺乏对农业自然生态资源的珍惜意识，农业自然生态资源得不到有效保护，给农业的可持续发展带来了一定困难。

我国发展可持续农业绝不可照搬国外模式，必须了解我国的国情实际，同时借鉴国外经验，要注意吸取发达国家生态农业的有益经验，研究发达国家农业经济的发展过程及采取的相关措施，特别要研究国外黑土区农业经济的发展过程，吸取它们成功的经验，少走弯路。东北黑土区应根据自身农业发展的实际，尽快发展和普及循环农业等适合自身经济情况的农业发展模式，实现农业的可持续发展。

三、浙江省的农业经济发展经验

浙江省地处我国东南沿海，位于太湖之南，东海之滨，大陆海岸线1840 公里。境内有一条河流——钱塘江，因江流曲折，故称之江，又称浙江，省以江名，简称"浙"，是我国典型的红土农业地区。浙江现有耕地

2384 万亩，其中水田 1932 万亩，旱地 452 万亩，人均占有耕地仅 0.52 亩，不到全国人均耕地 1.2 亩的一半，人地矛盾比较突出。不过，浙江省农垦历史悠久、垦殖指数较高，而且劳动力资源丰富，素有精耕细作的传统。目前，浙江省已经成为一个全面发展的综合性农业生产基地，谷物生产以水稻为主，其次是麦类、玉米等，经济作物主要有蚕桑、茶叶、柑橘、棉花、果蔗、油菜、蔬菜、食用菌等。2016 年，浙江省农业增加值首次突破 2000 亿元大关，农业总产值登上 3000 亿元台阶。

（一）浙江省的农业现代化过程

20 世纪 60 年代，在"以粮为纲"方针指引下，浙江逐步导入现代农业生产要素，矮脚水稻和杂交水稻等先后大面积推广。至 20 世纪 70 年代初期，浙江农业产量已经颇具规模，耕地亩产达到 500 公斤以上，并处在国内领先地位。[①] 尽管如此，当时的浙江农业尚未实行市场化经营，农产品产量与生产者收入之间的联系被工农业产品"剪刀差"人为地割裂。同时，"政社合一"的人民公社体制并不利于农业竞争机制的建立，而仅仅是确保国家计划的落实和对农民的控制。这些制度安排导致生产者积极性不高，农业发展缓慢。1978 年以后，以家庭联产承包责任制为主的农村改革激发了农民的生产积极性，使劳动生产率大大提高。短短两三年，浙江商品农业便有了初步的发展。显然，新的制度安排改变了浙江农业经济的运行机制，为传统农业向现代农业过渡提供了制度保证。本书借鉴学者全广明的研究成果[②]，将浙江农业发展划分为三个阶段。

1. 产业结构调整阶段

1978 年改革开放的方针刚刚被确立，浙江省在改革开放的号召下对农业发展方向做了以产业结构变动为主线的一系列调整。这一时期的产业结构调整分为两个方面：一是通过乡镇企业的发展实现农村产业结构调整，即打破原有的农村单一产业结构，发展以农村工业为主的非农产业。1980 年以前，浙江省分别形成了以集体经济为主和以家庭工厂为主的两种农村工业模式。这两种模式竞相发展，推动了乡镇企业的异军突起。乡镇企业的发展促

---

① 全广明. 浙江沿海现代农业的发展及经验含义 [J]. 浙江学刊，2000 (6)：5.
② 全广明. 浙江沿海现代农业的发展及经验含义 [J]. 浙江学刊，2000 (6)：5.

进了农业剩余劳动力向非农产业转移，同时满足了农业分享工业剩余的要求，从传播工业文明、转变农民传统观念、改善农村生活环境和变革农村社会结构等方面，带动了农村社会的全面进步。二是以改变种植结构为主的农业产业结构调整。早期的农业结构调整仅局限于种植业内部，且主要是针对农作物生产适应性和产品补缺性的调整。直至 1985 年，在粮、棉、油等少数农产品改统购为合同定购而其他农产品价格全部放开后，这种状况才有所转变。由市场调节的这部分农产品在种植结构中的比例迅速增加，同时带动了林、牧、副、渔业的发展。显然，市场调节在农业的资源配置方面已发挥起导向性作用。这种情况表明，在这一时期浙江大部分地区已初步形成了一个与市场需求基本相适应的富有弹性的农业产业结构体系。

2. 专业化规模化阶段

1985 年左右，浙江农村涌现出了一大批种植业、养殖业、加工业、运销业等方面的专业户，这些专业户注重生产的深度和广度，从而使农业生产的内部分工进一步强化。到了 20 世纪 80 年代后期，随着农产品统购制度的改革和农产品价格的彻底放开，阻隔农民进入流通领域的樊篱被拆除，农民从事商品生产的积极性进一步高涨，农村生产要素开始了重新组合，农业生产的规模日益扩大，围绕农产品经营而形成的多种所有制形式的经济联合体，在专业户、专业村的基础上蓬勃发展起来。至 20 世纪 90 年代初期，在"稳制活田、三权分离"的经验基础上实施了最广泛的农业专业化、规模化经营。所谓"稳制活田、三权分离"，是指在稳定家庭承包责任制前提下实行土地集体所有权、家庭承包权和土地使用权的适当分离，搞活土地使用权，按"自愿、依法、有偿"原则，建立起土地使用权流转机制。这一制度创新有力地推动了粮食专业户的快速发展。到了 1995 年左右，一大批具有地方特色的主导产业和农产品生产基地已经基本形成。同时，各项服务产业也有所发展，所有这些都为农业产业化创造了条件。

3. 产业化阶段

自 1995 年以来，浙江省农业产业化进入了正式实施的新阶段。根据发展社会主义市场经济的要求和浙江省的实际情况，浙江省政府以当地的优势资源和主导产业（或主导产品）为基础，以农业龙头企业为核心，通过紧密的利益分配关系，把生产、加工、运输、销售等环节紧密地衔接起来，实行了贸工农一体化发展方针。在农业产业化政策的带动下，全省各地也因地制宜地出台了扶持农业龙头企业、推进农业产业化发展的规划和措施，并开始付诸实施。农业产业化政策促进了浙江农业的专业化、社会化的发展。同时，受农业获利能力提高的鼓舞，农民对现代生产要素投入的热情日益高涨。1998 年，浙江省政府又制定了农业产业化经营的发展规划，标志着浙江省农业产业化工作进入了全面发展的阶段。近几年，浙江继续大力调整农业结构，发展产业化经营，加快市场化取向的农村改革，着力转变增长方式，取得了可喜的成绩。农业生产稳步发展，农民收入稳定提高，农村经济实力明显增强，逐步向农业现代化迈进。

（二）浙江省的农业规模化经营

随着社会主义市场经济的发展，分散经营的小农生产已经难以与现代农业规模经济、产业化经营的要求相适应，土地资源需要更优化的配置。近年来，浙江省在坚持农村基本经济制度的前提下积极促进土地流转，实现农业规模经营。

为了实现农业规模经营，浙江省积极探索耕地集中的方式，以解决农业规模经营的物质基础。现阶段浙江省主要通过两种流转方式促进耕地集中，实现农业规模经营。一是土地反租倒包模式。即在原定承包期内，村集体在征得农户同意的情况下，通过付租赁费等形式把部分土地使用权从农户手中反租过来集中部分土地，而后再由集体按规划通过投招标等形式反包租赁给外来的公司、大户或本村农户，实现规模农业。土地反租倒包模式是适应浙江农业发展客观条件而逐渐发展起来的。浙江人多地少，一些农户拥有的土地较少，受技术、资金等条件的制约，他们的劳动生产率低下，生产成本较高，收入较少。再加上前些年农产品市场疲软，价格低迷，部分农民往往"入不敷出"，有的甚至弃耕抛荒。与此同时，一批种田大户以及有能力、有技术的农民、企业法人纷纷把农业作为新的投资经营领域。这样一来，反租倒包模式不失为一种较为理想的模式。反租倒包模式的特点是倒包面积往往连片较大，形成规模经营，经营主体一般都是种养大户或经营能手。反租倒包模式在保持原来的土地承包关系不变的前提下，较好地体现了土地的资本属性，不仅为农村土地、科技、劳力、资金、信息等生产要素的优化组合和集约化、产业化生产开辟了新的途径，还为解决家庭经营与农业规模经营之间的矛盾找到了最佳切入点。二是土地有偿转包形式。转包是指农户在承包期内将不愿种或种不了的承包地转包给其他农户经营，收取一定的费用或实物，原承包方与发包方的承包关系不变。该模式是新承包人向原承包人履行义务，原承包人再向发包人履行义务，由新承包人、原承包人共同承担风险。土地转包后，由受让人履行承包规定的权利和义务。采取土地转包的形式，保留了原承包方对土地的承包经营权，有效解决了耕地撂荒问题，同时原承包方又能获得一定的土地转包收益。而新承包人承包土地从事高效农业规模生产，经营收益也比较高，有利于提高土地产出率和部分农户的收入。显然，转包有效地避免了土地的弃耕和撂荒，并在一定程度上促进了规模经营的形成。此外，土地投资入股、土地信托服务等方式也都是浙江省实现土地流转和规模经营的重要方式。截至 2016 年底浙江省土地流转面积达 1000 万亩以上，约占总承包耕地面积的 53%。

在农业生产平均规模扩大的基础上，浙江省农业分别形成了农民专业户和农业联合体等与农业规模经营相适应的农业组织形式。农民专业户是浙江省主要的规模经营模式。即通过土地反租倒包和有偿转包等模式，使大量土地集中在农户手中，由拥有大量土地使用权的农户从事适度规模的农业生产活动。在农民专业户的带动下，"一村一品"的专业村，"一乡一业"的专业乡，及以某个专一产品或主导产业为特征的较大规模的商品生产基地都已形成规模。农业联合体是指龙头企业、农民专业户等农业经营主体，为获得质量保证且数量稳定的农产品，与农户间通过订单形式，合作建立起来的农产品基地。如温岭市石桥头镇蔬菜专业合作社，集中连片向农户承包土地，建立无公害蔬菜基地，再按合作社总体布局、专业生产的要求把土地划片，集中转包给社员经营。除上述两种方式外，浙江省部分地区还采取了股份合作农场等形式积极探索农业规模化经营之路。

（三）浙江省的农业市场化经营

农业改革使浙江省的农业市场化程度大大提高。通过农业市场化经营，土地、资金、技术、劳动力等生产要素能够在更大范围合理流动和优化组合，从而提高了土地产出率和农业劳动生产率，规模化经营水平和农业效益水平也得到了进一步提高，并为农民收入的提高和农业现代化的实现奠定了坚实的基础。

1. 农业生产要素的市场化

浙江省的农业体制改革促进了土地、资本、劳动力的流转，一定程度上实现了生产要素的市场化。这种生产要素的市场化主要体现在市场主体的多元化、土地流转的市场化、劳动力资源的市场化三个方面。首先，从市场主体上看，浙江省的农业体制改革培育了一大批新型农民，他们以规模化经营参与市场竞争，同时各类工商企业、农业龙头企业介入农业领域，从而增强了农业市场主体的活力和抗御市场风险的能力。截至 2016 年年底，浙江省共有农民专业合作社超 5 万家，经工商登记家庭农场 3 万个，7660 个农业龙头企业，每年工商资本投资农业 160 亿元以上。其次，在土地流转方面，土地使用制度改革使得浙江省 60% 以上的国有土地已从原先无偿、无限期、无流动的计划配给转变到有偿、有限期、有流动的市场化配置上来，一个政府垄断的国有土地一级市场和开放、有序的土地二级市场格局初步形成。最后，在劳动力市场上，市场的供需情况日益成为劳动力转移的决定因素。在市场供需的影响下，大量农业劳动力发生转移，这使得农村人口与城市人口实现了互动。一方面农村劳动力顺利实现转移，另一方面科技人才和城市投资者进入农村。可以看出，浙江省已经在一定程度上实现了农业生产要素的市场化。

2. 农产品销售市场化

为了尽可能地占有国内、国际市场，浙江农业实行了贸工农一体化的组织格局并积极面向市场组织生产工作。例如，围绕农产品的生产、加工、贮藏、销售，浙江各地建立了大量的农产品加工企业。此外，浙江省以销售地大宗农产品批发市场为主体，产地专业批发市场为基础，中转集散批发市场为补充，农产品营销大户、经纪人为生力军的农产品市场网络体系已经初步形成。农产品电子商务从无到有逐渐壮大，2016 年销售额达到 396 亿元。总之，浙江省农业生产已经初步实现市场化经营，在市场机制的指导下，各农业生产主体努力提高农产品质量，使其在符合市场需求的前提下顺利实现市场价值，从而保证农业效益的不断提高。

（四）浙江省农业的可持续发展

建立可持续农业一直是浙江省农业发展的重要目标。尤其是近年来，浙江省以绿色消费需求为导向，以农业工业化和经济生态化理念为指导，积极推进农业结构的战略性调整，大力发展可持续农业。同时，高度重视农产品质量安全问题，按照可持续发展和农业现代化建设的要求，加强了农业污染治理和农业生态环境保护工作。在循环农业的实现形式上，浙江省也展开了积极探索。省内大部分地区都积极开展了"稻、萍、鱼"立体种养生态农业模式和"猪（羊）—沼—粮（蔬果）"平面生态农业模式，积极推行种养结合型农业。而且部分地区还在逐渐加强对可持续农业发展模式的创新。例如，浙江慈溪积极发展农业废弃物综合利用生态模式，并在此基础上积极进行相关科技攻关工作。现今，慈溪市开发出来的以农业废弃物为原料的高效有机肥料，已在全市推广 5 万亩。浙江省杭州市淳安县则利用桑枝条生产食用菌，实现了废弃物的循环再利用，做大了桑枝食用菌产业。据统计，2014 年至 2016 年期间，该县共生产桑枝食用菌 6096.5 万袋，累计利用桑枝条 19595 吨，折合利用桑园面积 4.9 万亩。农业生产废弃物资源化利用也促进了经济发展与生态保护的和谐统一。2017 年底，浙江省被农业部、国家发改委、科技部、财政部、国土资源部、环境保护部、水利部、国家林业局等八部委授予了首个也是目前唯一整省推进的"国家农业可持续发展试验示范区"称号，同时也成为首批农业绿色发展试点先行区之一。

（五）浙江省农业经济发展的经验借鉴

近年来，浙江省的农业快速发展，农业产业化经营已形成相当规模，农村第二、三产业发展迅速，农村劳动力迅速向产业外转移，农民人均收入高居全国前列。浙江省农业经济发展为东北黑土区的农业经济发展提供了宝贵的经验：

1. 重视农业科技创新

浙江高度重视科学技术在农业发展中的重要作用。在科技兴农的指导方针下，浙江省通过各类农业科技计划和项目的实施，重点支持一定规模以上的农业龙头企业创建农业科技研发中心，加强农业技术的攻关工作。目前全省已有 42 家农业龙头企业建立了省级农业企业科技研发中心，已有 145 家企业被认定为省级农业科技企业。同时根据区域特色农业产业发展的需要，创建了一批特色农业科技示范基地和农业科技创新服务中心，为农民提供优质的科技服务。"十二五"期间，浙江新创建和持续建设省级农业高科技园区 12 个，其中嘉兴、萧山、金华和湖州 4 个省级园区已升级为国家级农业科技园区。这些农业科技园主要专注于提升农业创新能力。例如，秀洲农业高科技园区通过与日本千叶大学、浙江大学等院校开展合作，在种子、种苗工作方面，成功实施了3000多个蔬菜、花卉品种的引种试验，选育出蔬菜新品种12个，自主研发新品种16个。

2. 加大对农业的政府扶持和保护

浙江省政府始终重视对农业的扶持工作，尤其是在增加农业投入上，浙江各级政府始终坚持对农田改造、农业水利基础设施建设、农产品加工等方面进行投入。不仅如此，各级政府在重视对农业生产基础设施投入的同时，还从优化农业生产发展环境的角度出发，切实减轻农业生产者负担，使农业生产能够在一个宽松的环境下发展。此外，为促进农业的健康发展，浙江省加大了对农业的保护力度，建立了多种农业保险模式。例如，浙江省首创了农业保险的"共保体"模式。"共保体"模式是指两家及两家以上商业保险公司根据省政府授权经营运作全省政策性农业保险项目，按照章程约定的比例分摊保费、承担风险、享受政策、共同提供服务的保险组织形式。在"共保体"内，成员由"首席承保人"和"共保人"组成，以商业保险运作模式，实施对农业保险的承保、理赔、结算、风险准备金提存等。"十二五"期间，浙江全省科技部门围绕十大农业主导产业的关键共性技术展开攻关，共组织实施了196个省重大科技专项项目，省级财政共投入经费1.59亿元，带动企业投入经费9.16亿元。在财政资金的大力支持下，农业主导产业领域突破了一批关键共性技术，科技支撑作用明显增强，有效驱动了农业产业发展。

3. 农业现代化和农村城镇化的同步推进

农业现代化过程是一个农业产业化、农村工业化和农村城镇化水平不断提高的过程。浙江省在农业现代化发展过程中，始终坚持农业现代化、农村工业化和农村城镇化的有机结合，实行以城带乡、以工建农，在第二、三产业加快发展，农业增加值比重不断下降的情况下，推动农业劳动力转移和农村人口集聚，增加农业资本和技术的投入，提高农业劳动生产率，努力形成农村城镇化、工业化与农业现代化互动共进的现代化建设机制。在城乡互动机制的推动下，浙江农村城镇化建设加速发展，从而推动了农村经济社会的跨越式发展。早在"九五"期间，浙江的农村小城镇建设、中心村建设就取得了一定成绩。乡镇企业的发展、工业园区的建设、产业和人口的迅速聚集，使农村小城镇急剧扩张。各地审时度势，按照"优先发展县域中心城市、大力培育中心镇"的县域城市化建设方针，把县域中心城市、中心镇建设与专业市场、工业园区、基础设施建设有机结合起来，使农村城镇化水平大为提高。而工业化和城镇化的加速，使浙江省初步具备了工业反哺农业、城市支持农村的经济实力。

4. 加强对农业自然资源的保护

浙江省农业资源十分有限，有效利用每一寸土地对浙江农业发展的意义尤为重要。为了加强对农业自然资源的保护，浙江省采取了一系列保护措施。这些措施包括：实行耕地保护制度，制止乱占滥用土地以努力保护耕地；开展化肥、农药减量增效工作，在提高化肥、农药利用率的基础上，减少化肥、农药使用量，减少由此引起的农田和环境污染，改善农产品品质，提高农作物产量；加强农村能源建设，抓紧治理农业资源污染和农村生活垃圾，改良农业生态环境，增强农村环境自净能力；建立农业自然资源调查、监测和综合评价制度；鼓励和推广使用提高农业自然资源利用效率的各种技术和方法，促进农业的循环发展。

四、山西省的农业经济发展经验

（一）山西省的基本自然状况

1. 地形特点

山西省地处黄土高原，地面物质组成以黄土广泛覆盖为特征。总的地势是"两山夹一川"，以山地、丘陵为主。东西两侧为山地和丘陵的隆起，中部为一列串珠式盆地沉陷，平原分布其间。广阔的丘陵地带适合林木与草坡的发育，为林、牧业提供了充裕的生产空间，加之山区的矿产资源和生物资源又为工、副业开拓了前景，从而有利于综合发展和多种经营。

2. 气候特点

山西省地处中纬度，距海不远，但因山脉阻隔，夏季风影响不大，属温带大陆性季风气候。这种气候因素对农业生产形成的有利条件是：光能资源丰富，光合作用潜力大；雨季、暖季同期，水热利用率高；昼夜温差大，积温有效性高，适宜秋粮作物及多种温带作物生长。

3. 自然资源情况

山西气候和地形复杂多样，造就了丰富的植物、动物资源，主要粮食作物有小麦、高粱、玉米、豆类和薯类；经济作物有棉花、烟叶、甜菜、胡麻、油菜子等。农作物品种全、品质优。

（二）山西省农业经济发展现状

近年来，山西省以市场需求为导向，以农民增收为目标，积极调整农业产业结构和产品结构，农业生产的质量和效益稳步提高，在推进农业产业化进程上取得了明显的成效。2016 年 5 月农业农村部网站发布《全国农村创业创新典型县范例名单公示》，100 个农业县或区入选创业创新典型县范例，山西 6 地入选：曲沃县、运城市盐湖区、太谷县、孝义市、阳曲县、灵丘县。山西省农业经济特征具体表现在以下几个方面：

1. 特色主导产业初具规模

1999 年山西省确立了在确保粮食总量基本平衡的前提下，重点发展杂粮、果品、草食畜牧业和蔬菜四大优势产业的指导思想，并于 2000 年初付诸实施。经过几年的努力，山西省特色主导产业的发展已取得了很大成效。山西省小杂粮年产量达 270 万吨，约占全省粮食总产量的四分之一，谷子、荞麦产量分别位居全国第二、第六位。在果品种植业方面，目前山西省水果种植面积已经发展到 700 多万亩，干果经济林已发展到 1100 多万亩，成为北方地区最大的果区之一。在蔬菜种植业方面，通过区域种植，规模生产，创拳头产品，打名牌效应，山西省各种地方性名优蔬菜种植面积达到 50 万~80 万亩，稀有蔬菜的种植面积达到 30 万亩以上。

2. 区域特色经济逐步发展

山西省地形、气候等因素使各地区各有其资源优势，同时也各有其主要的优势作物。晋西北地区气温低、降水少，适合种植小杂粮作物；晋南地区地热低、无霜降期长，适宜种植麦棉和苹果；晋中灌溉条件好，是小麦、杂粮、果木生长优势区。目前，根据各地资源禀赋和产业特点的不同，山西省形成了差异明显的产业区域。这些区域的形成不仅带动了农业的发展，而且促进了运输业、包装业、服务业及其他乡镇企业的发展壮大。

3. 龙头企业日益壮大

山西省农业部门紧紧围绕农业增效、农民增收两大目标，大力推进农业产业化进程，积极培育和壮大农业龙头企业，通过构建新型农业经营体系，加快培育专业大户、农民专业合作社、家庭农场等新型农业经营主体，辐射带动各类基地农户发展，加强品牌建设。通过建立农户与企业紧密型利益联结机制，支持合作社和农户入股创建龙头企业，引导龙头企业领办农民合作社，实现龙头企业与合作社、家庭农场、专业大户的深度融合。例如，山西水塔老陈醋股份有限公司、山西古城乳业集团公司、新绛蔬菜批发市场、山西穗穗甜玉米集团公司等农业企业已经是国家级农业龙头企业。

（三）山西省的农业规模化经营

山西省耕地流转水平不高，农户还没有作为一个主体积极参与到土地流转过程中来。耕地流转水平不高并没有耽误山西省农业规模化的发展，各类农业经营主体通过农业组织创新这一途径实现了农业的规模化经营，进而又形成了农业产品基地来面对市场进行生产活动。长期以来，在农产品增产、农民不增收的压力下，山西省一些农户自发组织起来，形成了多种形式的联合经济体。各种类型的专业协会、合作社、商社如雨后春笋般发展起来，千千万万的小生产者依靠组织聚合从事农业经济活动，提高了农业综合竞争力。多数的合作经济组织按照利益均沾、风险共担的原则，为社员提供产前、产中、产后一条龙服务。截至 2017 年年底，山西省已建立农民专业合作社联合社 228 家，加入联合社的合作社达到 1461 家，平均每个联合社有6.6 家合作社，加入联合社的社员数为 52958 户，平均每个联合社社员户数达到 240.7 户。在农业组织创新的基础上，山西省经过几年的努力逐渐建立了一系列专业化、规模化的农产品基地，绿色农产品生产基地面积已达 40多万公顷，包括以晋南为主的麦棉基地，以晋北为主的杂粮基地，以山地、丘陵为主的肉牛生产基地，以晋西北为主的养羊生产基地，以全省秋粮产区为主的生猪基地，以中南部丘陵山区为主的水果生产基地，以沿黄河各县为主的干果开发基地，以城郊县区为主的蔬菜生产基地，以太原、大同、阳泉、长治等城郊为主的禽蛋生产基地等①。这些农产品基地充分地发挥了农业生产的地区优势，促进了农业规模化经营水平的进一步提高。

---

① 侯希红．山西农业发展的必由之路——农业产业化［J］．山西农业大学学报，2005（4）：343－345．

（四） 山西省的农业市场化经营

山西省农业经济是根据市场经济运行的要求，以市场为导向，以经济效益为中心，健康有序地发展起来的。

山西省的订单农业是 20 世纪 90 年代伴随着农业产业化改革的进程开始起步的，并在全省范围内获得迅速发展。到 2005 年，全省订单农业已发展到 620 余万亩，占到农作物总播种面积的 11.2%。目前，山西省部分县市订单农业的发展已达到相当的规模和水平。订单农业在提高农业生产组织化程度、提高农民生产积极性、减少农业生产盲目性、提高农产品竞争力等方面都起到了重要作用。为了进一步扩大农产品市场份额，山西省重点培育龙头企业，出现了古城乳业、水塔老陈醋、粟海集团、天渊枣业等一批优秀的龙头企业。通过发展龙头企业把相关的企业、组织和农户捆绑在一起，形成了分工明确、合作紧密、互惠互利的利益共同体。通过龙头企业带动基地农户发展种植和养殖生产，推动订单农业的发展，从而实现了产供销、科工贸的一体化。

山西省为了促进农产品销售的市场化，从多个方面进行了不懈努力。其中效果比较明显的方式主要集中在以下三个方面：一是打造农业品牌，增强市场影响力。经过几年的努力，山西省农产品出现了一些享誉国内外的品牌，如寿阳"寿绿"牌蔬菜、平遥"冠云"牛肉等产品分别获得了国家和省名牌产品称号。二是加强市场设施建设，提高市场占有率。目前山西省先后规划并建设了一批设施先进、功能完善、交易规范的农产品批发市场。例如，寿阳茴子白批发市场、祁县禽蛋、肉牛批发市场等。三是创新营销模式，掌握市场主动权。山西省充分利用现代营销模式，率先在地级市中建设了政府农业网站，构建了市、县、乡三级信息网络，连续举办了多届"农产品网上交易会"，通过网上推介联系销售农产品。近年来，山西省在大力发展批发市场、配送中心、生鲜超市等有形的市场销售网络的同时，积极顺应网络经济迅猛发展的新形势，强化互联网营销、连锁分销等产品销售网络的建设，积极发展网上农产品营销。2014 年年底，山西农产品加工销售收入达到 1146 亿元，农产品销售收入在经济下行压力下再次实现了接近 20% 的增速。

（五）山西省农业的可持续发展

近年来，山西省大力推进农业可持续发展，号召省内各地区积极探索符合地区农业实际的可持续农业发展途径。在这一过程中，山西省的农业可持续发展取得了非常不错的成绩，其中以下三种农业可持续发展模式比较有代表性：

1. 晋中市的仿赣州模式

20世纪60~80年代，山西省晋中市由于过度开发和乱砍滥伐造成了严重的水土流失。这种情况决定了晋中不能再采取高消耗、高投入的农业发展模式，而应该把生态循环农业作为现代农业的发展方向，致力于农业发展和农村生态相协调，走农村生态保护和农产品质量提高互相促进的道路。2003年、2004年晋中市连续两年争取到了农业部农村沼气国债项目。在项目实施过程中，各项目县充分运用生物质能开发利用方式，重点在资源节约和综合利用上做文章。为此，从2004年起，晋中市加强了循环农业发展思想的宣传工作，向农民灌输生态、循环和可持续的农业发展理念，引导他们自觉遵循生态循环农业的生产规范和生产技术标准，并积极探索循环农业发展模式的实现途径。晋中市在广泛实践基础上，坚持"清洁生产、生态设计、循环利用、持续消费"的循环经济理念，创新并发展了以沼气为纽带联动农业产业发展的"猪—沼—菜""猪—沼—果"工程模式，并且在作物秸秆综合利用方面采用了堆沤还田、过腹还田和覆盖还田三种方法，使循环经济思想非常鲜明地体现在农业生产活动中。晋中的"猪—沼—菜""猪—沼—果"工程模式同被农业部誉为"赣州模式"的江西赣州可持续农业发展模式非常相似，本书在此把它称之为"仿赣州模式"。

2. 山西省交城县的生态农业园区模式

山西省交城县围绕已经形成的特色林果业、无公害蔬菜、肉牛养殖三大主导产业来建设生态农业园，并运用生态技术改造传统农业，加快循环农业建设。采取农、林、牧、渔水陆循环复合型发展模式和公司加农户的经营模式，推行高产、优质、低耗、高效的农业增长方式。重点支持"菜—猪—沼—棚"四位一体的农业经济发展模式，蔬菜大棚旁养猪，畜粪制成沼气，沼渣、沼液作为蔬菜的有机肥用以生产无公害绿色蔬菜。在循环农业发展思想的指导下，山西省交城县通过生态农业园区这一基本形式，在提高农业资源利用率和综合生产能力的同时，实现了农业生态效益、经济效益和社会效益的协调统一。

3. 晋城市的"农字一号"工程

山西省晋城市拥有丰富的煤铁资源，在对矿物资源开采的同时也给生态环境带来了破坏。在这样的形势下，晋城市结合国家实施农村新能源建设的有利契机，基于对农业生态环境的保护，提出了大力推行循环农业的发展方针，把以农村沼气、秸秆气为龙头的循环农业建设作为推进社会主义新农村建设的"农字一号"工程来抓，并结合市内各地区的实际情况，积极推行了沼气、秸秆气"户户通"工程的实施。在这一工程的带动下，晋城市不仅形成了"养殖—沼气—种植"和"种植—秸秆成型—燃料"等循环农业发展模式，还通过对沼气、秸秆气生产过程中所产生废弃物的综合利用，带动了无公害农产品、绿色食品生产的发展。

总而言之，山西省的可持续农业是按照市场化和专业化运作机制而建立起来的，与生态农业相比，它更强调市场化、产业化、规模化和效益化，更注重农业资源的不断循环利用和生态环境的保护。

（六）山西省农业经济发展的经验借鉴

山西省作为黄土农业的典型地区，无论在农业规模经营方面还是在农业市场化方面以及农业可持续发展方面都走出了一条符合自身现实的农业发展之路，其中的某些经验非常值得东北黑土区加以借鉴：

1. 因地制宜发展特色农业

山西省地形起伏变化复杂，气候、土壤类型多样，农产品种类也因此呈多样化特点。鉴于地形的复杂多样，山西省政府自从上个世纪末就战略性地提出，要从山西省实际出发，调整产业结构，发展特色农业产品。"九五"期间，山西省围绕确保农产品的有效供给和增加农民收入两大任务，培育了粮、果、菜、畜四大主导产业。"十五"期间，又逐步形成了以发展雁门关生态畜牧经济区、东西两山杂粮干果产业区以及中南部无公害果菜产业区为重点的山西特色农业发展战略。经过几年的努力，山西特色农业的发展已取得了很大的成效，初步形成了一批特色农产品生产基地和品牌产品，对提高农产品竞争力和农民增收发挥了重要作用。

2. 培育龙头企业

山西省充分重视龙头企业在连接工农、沟通城乡、衔接产销、增加农民收入等方面的带动作用，积极推动龙头企业的发展。相应地，山西省政府根据产业规划和区域布局的需要，扶持和培育了一批规模较大、科技含量高、带动能力强的龙头企业，并以龙头企业为中心建立起稳定的生产基地，完善龙头企业与农户的利益联结机制。龙头企业以农户提供的农产品为原料来源面向市场组织生产活动，同时农户以龙头企业的需求为导向组织生产，从而实现农业经营的一体化，实现了农业基层的组织创新，提升了农业活动的经济效益。

3. 创造良好的政策环境保证农业经济有序发展

山西省政府非常重视政策对农业生产的导向作用，并根据农业形势的不断变化及时地推出了一系列政策来引导农业经济活动的发展方向。例如，山西省为了确立农业发展的优势产业，1999 年由省政府制定并出台了《关于进一步调整农业结构的若干意见》，把杂粮、果品、草食畜牧业和蔬菜生产确立为四大优势产业；为了进行区域合理规划布局，2003 年山西省农业厅、林业厅制定了《关于建设中南部无公害果菜产业区、东西两山干果产业区的意见》；为了特色农业发展的需要，2003 年山西省委、省政府印发了《山西省特色农业结构调整实施办法》，以确保特色农业的发展得以顺利进行。可以说，山西省农业经济发展能取得明显成效，山西省政府的政策支持发挥了非常重要的作用。2011 年山西省出台了《关于加快发展"一村一品、一县一业"的实施意见》，山西以"品"为基础，每年拿出 2 亿元资金扶持该项规划。"十二五"期间，山西省每年扶持 2000 个"一村一品"专业村，每个专业村补助 10 万元，5 年建设了 1 万个"一村一品"专业村。

4. 多渠道化解市场风险

传统农业对市场风险的抵御能力是有限的。为了改变这一现状，山西省通过多种方式来化解农业经营的市场风险。例如，通过发展订单农业，稳定农业生产和农产品销售市场，降低农产品生产者、加工者和流通实体的盲目性和市场风险；通过培育和发展专业合作组织，促进农业以市场需求为导向，实行区域化开发、专业化生产、规模化经营，从而增强了农业经营主体自身抵御市场风险的能力，保证了农业生产活动得以顺利进行。

第七章
东北黑土区农业可持续发展模式的选择

近年来随着生产力水平的提高，东北黑土区在传统农业模式的基础上对农业的可持续发展模式进行了一些探索，并相应地找到了一些适宜本地发展的农业模式。本章将对东北黑土区内所形成的各种模式进行一些比较，以期寻找这些模式所反映出来的共性问题和特殊性问题，进而为整个东北黑土区农业可持续发展模式的选择提供一些建议。

一、东北黑土区农业可持续发展模式的探索

在对东北黑土区农业可持续发展模式进行探索的过程中，东北黑土区内形成了一些较具特色的农业可持续发展模式。其中较为典型的主要有以下几种：

（一）黑龙江省拜泉县的生态保护型旅游农业模式

黑龙江省拜泉县地处小兴安岭余脉与松嫩平原的过渡地带，地势漫川漫岗，境内亦无大江大河。就是这样一个在东北黑土区内看似很普通的农业县，近年来却一直在探索农业生态旅游的发展模式。农业生态旅游是以农业自然资源、田园景观和乡土文化为基础，加上一系列配套服务，供人们观光、旅游、休养、增长知识、了解和体验乡村民俗生活、品尝季节性农产品的一种旅游活动。做好生态旅游农业主要是走好两条路线：一是做好水土资源的保持工作，对耕地等自然资源实施可持续利用；二是做好与农业相关的旅游项目开发工作。在水土保持方面，拜泉县从 1986 年起在全县实施水土保持型生态农业发展战略，综合治理坡、水、田、林、路，构建农、林、牧、副、渔全面发展的生态经济系统。而在项目设计方面，拜泉县根据自身

的特点开展了多种生态旅游农业项目。比如，生态农家乐园包括生态牧场、参与劳作、租地自种、家庭旅馆等部分；科技生态园包括水果采摘园、特种蔬菜种植园、药用植物园、花卉园等部分。类似的项目还有农场度假区、森林度假区等。这些项目的开展使人们在贴近自然、领略到浓厚的乡土气息的同时，也充分地促进了城乡之间信息、价值观念等方面的交流，有利于进一步推进农村人口观念的改变。可以说，黑龙江省拜泉县的生态旅游农业很好地实现了旅游业与农业的有机结合。

（二）黑龙江省三江平原的湿地农业发展模式

黑龙江三江平原是由黑龙江、乌苏里江和松花江冲积而成，总面积650万公顷左右，其中大部分为湿地，尤其是平原腹地的建三江地区属于典型的低湿地农业生态环境。在对农业发展模式的探索方面，三江平原结合湿地自身的特点走出了一条以水稻种植为主的农业可持续发展之路。首先，根据湿地的特点改旱田为水田，用地表水灌溉代替地下水灌溉，并且努力做到提高水资源的利用效率。例如，两江一湖项目的建设等；其次，加大退耕还林、还草、还湿的力度，开展湿地植被重建工作，注重资源的可持续利用；最后，寻找与水稻产业副产品相关的经济效益增长点，以提高农业生产的经济效益。由于加强了对农业资源的保护，合理地利用水资源进行灌溉，三江平原的水稻连年丰收。同时，水稻种植相关产业链也在逐渐延长。例如，生产水稻的副产品稻壳在过去是被作为废品来处理的，而且是一个对自然环境影响极大的污染源，也影响居民的正常生活。而现今这些垃圾已经变成了黄金。把稻壳加工粉碎，利用稻壳生产酵素肥再用于促进水稻秧苗生长，实现了循环利用；还可利用稻壳生产稻壳棒，可进一步加工为活性炭、炭粉等；三江平原的某些地区甚至已经开发出利用稻壳发电的新技术，"垃圾稻壳"已经蜕变成了一个新的能源。整体观之，三江平原的农业发展模式已经呈现出两个良好的态势：一是农业机械化程度较高，基本上是现代农业的耕作方式；二是实现了农业生产与自然环境的协调发展，做到了生态效益与经济效益的统一。

（三）吉林省中部的绿色农业发展模式

吉林省是一个东西走向的狭长地带。东部为山地和丘陵地带，中部为台地平原区，西部为草甸、湖泊、湿地、沙地区。其中中部地区是国家重要的商品粮生产基地，以粮食作物的种植为主。面对着农业模式发展方向的选择，吉林省中部地区经过多年的探索已经走出了一条有特色的绿色农业发展之路。吉林省中部的绿色农业发展模式总结起来主要分为四部分：首先，建立三品（绿色食品、有机食品、无公害农产品）生产基地，明确生产的方向；其次，进行市场开拓，对所生产的三品进行选择，树立吉林三品的品牌；再次，培养一批龙头企业带动绿色农业的发展。有了龙头企业的存在，可以组织"公司＋农户"等多种生产方式进行绿色农业生产，可以进一步地提高绿色农业的市场竞争力；最后，做好监督管理工作，建立长效的监管机制以确保绿色农业产品的质量安全。经过多年的努力，吉林省中部绿色农业的经济效益是显而易见的，已经形成了御泉大米、德大肉鸡、皓月牛肉等一批绿色农产品品牌，并在市场上有了一定的影响力。需要强调的是，吉林省中部的绿色农业发展模式也提升了传统农业的生态效益。因为绿色产品的生产，严格地控制化肥等化学物质的使用，本身就是对耕地资源的一种保护。

（四）辽宁省盘锦市的立体养殖农业模式

盘锦市位于辽宁省西南部，地处渤海之滨，东北平原南端，辽河三角洲的中心地带，属多雨复合生态农业区，是辽宁省重要的水稻生产基地。自20世纪80年代中期以来，利用河蟹、鱼与水稻能够互惠共生的特性，盘锦市开始了"稻田养蟹、养鱼"技术的研发，形成了独具特色的"盘锦模式"。该立体生态稻田种养复合模式中，采用了田中种稻、水中养蟹和养鱼、埝埂种豆的立体种植、养殖模式。这一模式缓解了水稻种植与河蟹养殖的矛盾问题，并使水土资源得到了更加充分的利用，稳定了水稻产量，提升了河蟹养殖效益，达到了稳粮增效的目的。该模式不仅降低了生产成本，减少了化肥、农药的使用，而且提高了河蟹、鱼和水稻的品质。不仅生态效益明显提高，而且经济效益更加显著。值得注意的是该模式直接在农业生产的过程中建立了一个稳定的物质交换系统，是其他农业生产模式所不曾做到的。

二、东北黑土区现有几种模式的经验总结

东北黑土区经过了多年的探索，在传统农业的基础上形成了各具地方特

色的可持续农业发展模式。虽然各地的发展模式在具体形式上千差万别，但是大体上都是以上几种模式的翻版。通过对上述四种可持续发展模式的探讨，本书认为四种模式之所以取得了一定的成功，主要是做到了以下三点：

（一）　可持续发展模式的选择要注重经济效益

农业生产无论在什么模式下进行，都是市场经济条件下的一个生产组织行为。农业生产一定要符合经营主体的经营目标，即获得尽可能多的经济效益。农业可持续发展的内涵应该首先落在"发展"上。如果一种生产模式不能促进农业经济的发展，那么谈其他效益都是空谈的。在市场经济这样一个大的环境下，要求任何经营主体都应按照市场机制的要求来实现自身利益的最大化。东北黑土区对农业可持续发展模式的探索之所以都取得了初步的成功，最直接的原因就是这些模式与传统农业生产方式相比都创造了较高的经济效益。

（二）　可持续发展模式的选择要符合农业生产的自然特点

马克思主义的一个重要观点就是，实践是检验一切真理的标准。关于东北黑土区农业可持续发展模式的选择问题，应该着重考虑的是所选择的模式是否符合本地农业生产的实际。要做到这一点，最重要的是农业可持续发展模式的选择要结合当地农业生产的自然条件。比如，辽宁盘锦的立体养殖农业模式充分地利用了当地的气候适合虾蟹生产的特点；拜泉县的生态旅游农业模式充分利用了当地景色优美、田园气息浓厚的特点；三江平原则是充分利用湿地这一自然资源走上了依稻致富的发展模式；吉林中部地区看似农业自然资源不那么独特，其实也是利用了本地土质肥沃、水质优良的特点来生产绿色产品。

（三）　可持续发展模式的选择要做到农业资源的合理利用

对农业可持续发展模式的探索，一个重要的任务就是探寻一种可以进行农业自然资源可持续利用的一种生产方式。这样，对农业自然资源的消耗才不会影响子孙后代对这些珍稀资源的利用，或者把这种影响降到最低以解决资源利用的代际公平问题。上述四种农业的可持续发展模式之所以取得了一定的成功，就是都各自建立了较为稳定的农业生态系统，为更合理地利用农业自然资源创新了一种方法。以辽宁盘锦为例，通过水稻与虾蟹共生的原理直接创造了一个比较稳定的微型农业生态系统。

三、循环农业是东北黑土区农业可持续发展模式的最佳选择

现阶段，土地资源的相对匮乏是我国农业经济的最大现实困难。由于土地资源相对稀缺，劳动力、资本替代的结果就形成了集约化农业生产的模式。这种生产模式的特点是广泛采用农用化学品等购买性生产资料及过细的单种连茬耕作制。这种刚性的资本密集型农业实践严重破坏了农业生态系统的自我恢复能力，对自然资源的盲目开发和对周围环境的污染产生了许多负面后果，最终使农业的边际投入逐渐增加，而边际收益提高缓慢甚至下降，给农业经济的可持续发展设置了重重障碍。而循环农业模式则可以很好地解决这一障碍，是农业可持续发展的必然选择。事实上，前文谈及的东北黑土区对农业可持续发展模式的探索也包含着一定的循环农业发展思想。

（一）东北黑土区农业可持续发展选择循环农业模式的必要性

1. 发展循环农业是提高资源利用率的有效路径

我国农业资源禀赋较差，总量虽然较大，但人均占有量少。目前，我国人均淡水资源占用量、人均耕地面积分别为世界平均水平的 25% 和 40%，农业资源对农业发展的约束作用日趋明显。水资源的时空分布与人口、耕地分布状况极不均衡，长江以南地区水量多而耕地少，长江以北地区水资源少但耕地多。我国人均耕地不足 1.5 亩，全国低于联合国粮农组织确定的人均耕地 0.8 亩临界值的县（区）占全国县（区）总数的五分之一左右①。与之相反，我国农业资源的总体利用效率不高，农业经济基本上处于一种高消耗、高增长的粗放型增长状态。不合理的生产和生活方式，使得农业资源日趋减少，农业生态环境日趋恶化。这样，传统农业面临资源短缺及生态恶化的压力越来越大，传统农业经济增长方式的增长潜能已逼近极限。因此，目前这种状况下靠大规模增加资源投入来满足农产品不断增长的需求是不现实的。根本的出路在于提高资源利用效率，转变传统的农业生产观念和生产方式，发展以"低消耗、低排放、高效率"为基本特征的循环农业。

2. 发展循环农业是降低农业环境污染程度的有效路径

农业环境污染对人类的影响是普遍的和巨大的。首先，它通过食物链直

---

① 柯元. 农业循环经济与农业可持续发展［J］. 农业考古，2006（3）：198－201.

接作用于人体，从而成为影响人类身体健康和身体素质的重要内源因素；其次，通过环境因素作用于人体，从而成为影响人类身心健康的重要外源因素。这样，要想改变农业环境的污染状况，必须从两个方面着手：一是保护农业环境免受工业、城市污染源的侵害；二是农业自身推行清洁生产，降低对农业环境的破坏程度。循环农业发展模式作为一种新型的农业发展模式，既注重农业环境免受城市、工业废物的污染问题，又尽量把自身生产对农业资源环境的破坏程度降到最低，正是降低农业环境污染程度的有效路径。

3. 发展循环农业是提高农产品质量安全的有效路径

我国加入世界贸易组织以后，农业流通的国际化进程明显加快。特别是随着入世后过渡期的结束，我国农产品正面临低关税进口和严格技术壁垒出口的双重挑战。最近几年的农业实践表明，发展无公害食品、绿色食品、有机食品生产是将我国的农业资源优势、劳动力优势转化为质量优势和竞争优势的重要措施，也是提高我国农产品市场竞争力、扩大农产品出口的重要途径。农产品的质量安全已经成为培养农业经济持续竞争力的关键因素。"三品"的基本要求是按照规定的技术规范生产、产地环境优良、实行全程质量控制、安全无污染。这个基本要求与循环农业的发展要求是相契合的。也就是说，发展循环农业是提高农产品质量安全的一条有效路径。

（二）循环农业系统的运行机制

系统论是研究系统一般模式、结构和规律的学问，它研究各种系统的共同特征，用数学方法定量地描述其功能，寻求并确立适用于一切系统的原理、原则和数学模型，是具有逻辑和数学性质的一门新兴的科学。系统（system）一词来源于古希腊语，其含义是指"由部分组成的整体"。现代意义的"系统是指由若干元素按一定关系组合的具有特定功能的有机整体，其中元素又被称为子系统"。[①] 系统思想源远流长，但作为一门科学的系统论是由美籍奥地利人、理论生物学家贝塔朗菲（L. Von. Bertalanffy）提出的。系统论的核心思想是系统的整体观念。从系统论的观点来看，任何事物都以这样或那样的方式包含在某个系统之内。系统论的基本思想方法，就是把所研究的对象作为一个系统，分析系统的结构和功能，研究系统、要素、

---

① 吴季松. 循环经济 ［M］. 北京：北京出版社，2003：30.

环境三者的相互关系和变动的规律性，并运用系统优化观点看问题。科学的研究必须确定系统的元素，划定系统的边界。虽然各种系统各不相同，但概括起来一般应具有如下几大特征：第一，集合性。每一个系统都是由若干个元素构成的集合。第二，整体性。系统各个要素之间构成一个统一的有机整体系统，从而共同表现出一个整体特性，任何要素一旦离开系统整体，就不再具有它在系统中所能发挥的功能。第三，层次性。由于各个子系统本身也作为一个系统包含着两个或两个以上的元素，因此这些子系统元素和子系统本身就整个母系统而言处于不同的层次上，呈现出一定的层次性。第四，关联性。系统内部的子系统之间、子母系统之间、系统与外部环境之间都存在着一定的关联，并彼此相互制约、相互促进。第五，目的性。一个系统本身有其特定的功能，由于一个特定的功能目的而成为一个整体系统。第六，统一性。系统论承认客观物质运动的层次性和各不同层次上系统运动的特殊性，这主要表现在不同层次上系统运动规律的统一性，不同层次上的系统运动都存在组织化的倾向，而不同系统之间存在着系统同构。第七，突变性。系统在通常状况下处于一种平衡的状态，各个子系统之间相互依赖、相互制约以维持系统的平衡发展状态，如果该平衡状态遭到破坏，系统有可能发生突变，并且是一种质变，很可能弱化或改变原系统的整体功能。从系统论的角度来看，循环农业系统具有明显的整体性和层次性，其运行也有其自身的规律可遵循。要发展循环农业经济，必须准确地把握循环农业系统。

1. 系统的组成要素

农业系统是由农业生态系统和社会经济系统两个子系统耦合而成的具有关联性和突变性的多层次农业发展系统。把农业生态系统和社会经济系统两个子系统进一步细化，又可具体分为人口、经济、社会、资源与环境五大要素。在农业系统中，各级子系统及其外部环境之间，通过物质、能量、信息的交流维持着系统的内在联系，并为系统平衡状态下的农业可持续发展提供内在的驱动力。农业生态系统属于农业基础系统，它由包括土地、水和气候等在内的自然资源及各种生物要素组成，这一系统一旦突变，农业系统就会失去赖以存在的物质基础，彻底失去可持续平稳发展的载体，农业经济发展也将成为一句空话。社会经济系统属于农业能动系统，包括人口、技术、农业规制等各个要素，这一子系统作为农业系统运行的能动主体在一定程度上左右着其与农业生态子系统的关系及整个农业系统的发展方向。如果没有社会经济系统的加入，农业生态系统将是一片废墟，更无从谈及整个农业系统的发展。总而言之，农业生态系统与社会经济系统两个子系统共同构成了农业系统，二者之间任何一个遭到破坏都将影响到整个农业系统的运行状态。循环农业作为农业发展的一种模式，其系统的运行自然脱离不开上述农业系统的运行范畴，也就是说循环农业系统的组成要素同上述农业系统的基本要素构成基本上是一致的。循环农业系统与传统农业系统的区别不在其组成要素的差异方面，而是在对农业系统运行环节的改善方面。

在市场经济条件下，区域农业的发展不是一个封闭和孤立的系统而是开放的系统，低一级区域系统的农业发展必然受到上一级区域系统的支撑和制约。但由于区域内部农业生产条件存在着差异，又因地制宜地组织农业生产，就形成了区域内部各具特色的农业布局。同时，循环农业系统也是包括不同大小空间尺度的超复杂巨型系统，小至一个农户、一个农场，大至某个地区、某个国家都可以作为一个循环农业系统而存在。因此，发展区域农业和上一级循环农业系统之间并不存在对立关系，并且由于区域内农业系统要素的差异可以选择适合自身的循环农业发展模式，以充分利用区域内的要素资源发展农业经济。

2. 系统的结构

循环农业系统是以农业生态资源系统（气候、生物、土壤、地形等）为载体，通过农业劳动、资本、能源的投入而使农业生态资源子系统与社会经济子系统相切合，进而产生农业生物（农作物、水产、畜牧、林木等），最终获得农畜产品及加工品的系统。当然，这种投入是在一定的农业政策、技术水平和管理手段下来实现的。该系统具有明显循环农业特征的表现为，农畜产品及加工品在满足社会需求和农业自身扩大再生产及提高生活水平的需要之后，产生的废弃物将通过加工处理，然后作为可再循环、再利用的农业投入重新进入农业生产过程。本书根据相关文献设计的图 7 - 1 详细描述了循环农业系统的结构①。

---

① 鲁奇，战金艳，任国柱. 生态农业与可持续发展——2001 年生态农业与可持续发展国际研讨会论文集［C］. 北京：中国农业出版社，2001：53 - 58.

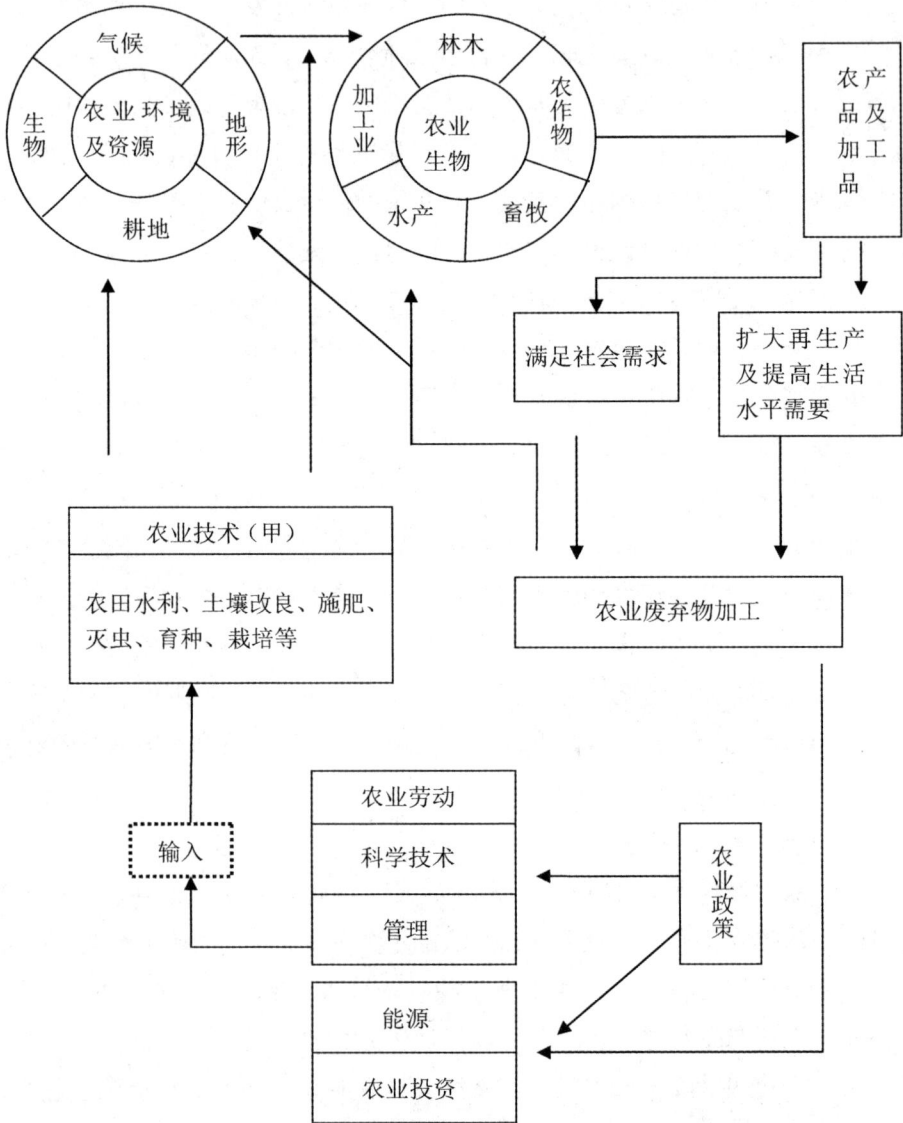

图 7 - 1 循环农业系统结构

从图 7 - 1 可以看出，循环型农业系统通过选用良种、改进栽培技术、农田水利建设、施肥等，使输入系统的太阳能以及矿物营养得到充分利用，并在土壤生物的作用下获取更多的初级产品（粮食、蔬菜等），并以农副产品为原料，发展次级生产，通过对农业废弃物加工处理使其得以再循环利用，逐步建立和完善多级物质能量循环利用的人工生态网络系统，使农业要素资源及投入资本得到充分合理的利用，实现耕地子系统养分流动的高水平平衡，保持系统与环境的输出输入平衡，使以农户为主体的能量物质循环和整个系统的能流、物流循环有机地结合在一起。科技投入和能量物质的合理分配使整个系统达到了一个新的更高层次的平衡，形成了一个结构合理并且社会效益、生态效益、经济效益相互协调统一的循环型农业系统，增强了系统对市场变化的适应性和可持续发展性。

3. 系统的外部环境

循环农业系统本质上是一个开放系统，系统与外界之间时时刻刻都在进行着物质和能量的交换，是社会、经济、环境等多重因子作用下的开放系统。从系统论的角度讲，循环农业系统既是一个自身相对独立的小系统又是整个自然生态系统中的一个组成部分，不可能脱离其所处的环境而孤立地存在，其生存和发展也必然与环境发生着千丝万缕的联系，从购进生产资料到售出农产品，循环农业系统不断地在与环境进行输入和输出的转换。因此，循环农业系统的运行必然会受到与之息息相关的环境的影响。只有改善循环农业系统的外部环境才能提高系统的生命活力和系统本身的有序程度。需从以下三个方面改变系统的外部环境：

第一，思想观念的改变。传统的发展观念认为，环境保护、资源节约和社会经济发展是矛盾的，是此消彼长的关系，生产的目的是在成本既定的条件下实现收益最大化，或者是在收益既定的条件下实现成本的最小化。在这样的观念支配下，人们注重的是技术系统和经济系统的发展，忽视了资源环境系统的功能和作用。通过观念的更新，在传统发展观创新的基础上，一种新型的理性发展观被提出，它以人的全面发展为核心，以整体性、全面性和综合性来考虑发展问题，注重整体利益的协调发展，避免对人类生态环境的破坏，这就是循环经济的发展观。事实上，只要农业主体的思想观念发生改变，以全新的循环思想来认识农业系统的运行，那么农业系统的输入端就会打上循环思想的烙印，循环农业系统的有序程度才会进一步提高，循环农业模式才能顺利展开。

第二，农业科学技术的发展水平。循环农业系统是由农业生态系统与社会经济系统复合而成的一个复杂系统，两个子系统之间相关联的密切与否很大程度上取决于农业科学技术的发展水平。人类作为循环农业系统中最活跃、最具有双向能动作用的因子，参与整个系统的物质循环与能量转换，这为循环经济要求的从根本上协调人类与自然关系、促进人类可持续发展提供了更为直接的实现途径，这也是通过人类掌握的一定的科学技术来实现的。发展循环农业实际上就是一场技术范式的革命，它需要以高新科技作为技术支撑，重点在农业清洁化生产技术、绿色生产技术、农业资源多级转化与废弃物再生技术、农村生活消费绿色技术等层面开展整合与集成研究，建立相对完善的技术创新体系，推动农业循环经济快速健康发展。

第三，农业政策环境。农业政策虽然不是农业生产活动的直接参与要素，但却是政府调节农业经济的杠杆。政府通过各种政策、措施、法令等间接地作用于农业生产活动的各个环节，进而影响循环农业系统的输入、输出，从而使循环农业系统偏离原来的轨迹。例如，通过价格补贴政策可以改变农户盲目的种植结构；通过对部分农产品流通的限制措施可以保护地方的农产品免受外来产品的市场冲击；通过人才引进政策可以提高农业劳动力的素质等。虽然循环农业系统对某些政策所做出的反应不会很直接、很强烈，但是决不能忽视政策环境对系统的影响。从长期看，政策环境对循环农业系统运行状态的修正将是至关重要的。

（三）东北黑土区循环农业发展现状评价

1. 东北黑土区循环农业的发展现状

近年来，东北黑土区的农业部门积极探索建设资源节约型农业的方法，积极推广循环农业经济模式。这些模式的实施已初见成效，体现出了良好的经济、社会、生态效益。虽然没有具体的年鉴资料明确地统计东北黑土区的循环农业发展现状，但东北黑土区现阶段循环农业的发展所取得的成绩还是有目共睹的。

（1）循环农业产业链逐渐延长

东北黑土区的发展已由数量扩张转入质量效益提升阶段，由传统"资源—产品—废弃物"的增长模式逐步向"资源—产品—废弃物—再生资源"的循环经济增长模式过渡，构建了以粮食产品生产加工为主线的农业循环经济体系，实现了经济效益、生态效益、社会效益的协调与统一，推动了农业的可持续发展。例如，黑龙江省伊春市部分地区利用农业生产的秸秆发展食用菌栽培产业；吉林省柳河市利用稻草编织草绳，变废为宝提升农业效益；

内蒙古赤峰市的部分地区重点推进了农牧业和农村节能减排、农村沼气建设、生物质能开发等工作来延长产业链以提升农业效益。此外，东北黑土区现阶段拥有众多的粮食加工企业，利用加工剩余的副产品分别发展了饲料、酿酒、调味品提炼等产业，从而延长了农业的产业链，增加了经济收入。

（2）循环农业跨越了行业界限延续到其他产业

现阶段东北黑土区的循环农业的发展已经跨越了农业（特指狭义的农业，即种植业）这一行业界限，与工业、畜牧业、养殖业等紧密地结合起来。例如，内蒙古自治区呼伦贝尔市阿荣旗有 4000 多户农民家庭依靠发展生态循环农业发家致富。他们把自家地里的玉米秸秆粉碎成青贮饲料发展奶牛饲养业，不但养奶牛的成本降了下来，而且因为饲料充足，奶牛的产奶量也提高了，致使收入直线上升。黑龙江佳木斯地区的三江平原建立了一批粮食深加工项目，通过对水稻、大豆、玉米等进行系列深加工，除了生产出优质珍珠米、米粉外，还生产出了具有高附加值的米糠营养调和油、维生素 E、卵磷脂、谷维素等系列保健食品和医药产品，产品加工链达到 16 个，这种农业与农副产品加工业的结合真正做到了对农产品"吃干榨尽"。吉林省镇赉县实施苇田种植与造纸业的综合发展，创造了"苇田—生产原材料—污水—水—苇田"的循环模式，形成了循环农业与工业的有效结合。

（3）科技创新逐渐有所突破

在东北黑土区循环农业的实践中，随着生产中所遇到的问题的增多，循环农业的科技创新也有了一定的突破，尤其是一些农业龙头企业非常重视技术的改造与升级，积极推动了地方循环农业的发展。例如，黑龙江省哈尔滨市的北大荒米业经过科技攻关，终于把稻壳转换为可燃气体，除焦净化后进行发电，使遍地堆放、污染环境、昔日被称为"黄色垃圾"的稻壳摇身一变成为源源不断输出的电流；吉林省吉林市普康有机农业有限公司积极探索污水四级沉淀技术，对养猪过程中产生的粪水通过在水塘里养殖水葫芦和绿萍连续进行沉淀和净化后排入有机稻田，形成有机肥料。而水葫芦和绿萍以及水稻的稻糠等又可以加工成有机饲料来喂猪。由于净化池中的营养成分促进了浮游生物的自然繁殖，又可以大量地养鱼。如此循环往复，形成了一个闭合的生物链。

2. 东北黑土区发展循环农业的障碍

虽然东北黑土区在发展农业循环经济的过程中取得了一定的成绩，但是循环经济毕竟还是一种新生的发展理念，加之农业循环经济的推行也起步较晚，因此东北黑土区循环农业发展的过程中也存在着诸多问题，严重阻碍了区域内循环农业的发展。

（1）农业经营主体的循环农业思想淡薄

东北黑土区农业从业人口受教育程度偏低，经济贫困，生产方式落后，对生态建设的认识还不到位，生态保护意识淡薄，可持续发展意识不强，不能很好地处理短期利益和长期利益的关系。对新技术、新经营策略、新政策的认知、理解及运用能力较差，农业经营方式粗放，导致大量水土资源浪费，光热资源利用效率低，并引发土壤盐渍化、环境污染等问题。例如，部分农户认为循环农业只是一种形式上的东西，不能为农业经济发展带来任何形式的益处，发展循环农业只是政府一种行政上的号召罢了。农户作为最普遍存在的农业微观经营主体，如果其对发展循环农业的认识上不去，对农业经济的长久发展来说是非常不利的，必将缺乏最根本的发展循环农业的动力。

（2）农业生态环境破坏严重

水土流失、土地沙漠化、建设占用等因素导致东北黑土区的耕地资源数量不断递减。其中，水土流失是耕地面积减少的主要因素。目前东北黑土区有水土流失面积4.47万平方公里，占黑土区总面积的37.9%，黑土区水土流失主要是坡耕地的流失，占黑土区水土流失总面积的80%以上。据测算，黑土地现有的部分耕地再经过40~50年的流失，黑土层将全部流失。据调查，黑土地水土流失特别是坡耕地的水土流失对土地资源破坏极大，东北黑土区土壤有机质每年以千分之一的速度递减。每年流失土壤养分价值达5亿~10亿元①。同时，黑土区农业环境污染情况也比较严重。东北黑土区70%以上的面积是耕地，并且耕地多处在离工业区较远的边缘地区，因此从总体上看工业"三废"还构不成农业环境污染的主要因素。区域内农业环境污染主要是由农业生产自身的污染所引起的，其中最主要的是农用化学物质污

---

① 蔡壮，沈波. 东北黑土区水土流失防治在保障国家粮食生产中的地位与作用［J］. 中国水利，2007（10）：37-38.

染。近年来伴随着农业经济的发展，农业生产对化肥、农药的依赖性越来越重。以施用化肥为例，现阶段东北黑土区内，仅吉林、黑龙江两省的化肥使用量就达到 650 万吨左右①。其实化肥施用存在一个利用率问题，一般来讲化肥的利用率在 30% 左右，其余部分经各种途径流失到水体和土壤中，使得河流湖泊产生富营养化现象，地表土层板结，土地耕性变坏，造成水体和土壤污染。

（3）农业资金短缺

农业资金实际上就是用于农业生产经营的各种财物和资源的总和，并且总是以一定的货币、财产或其他权利的形式存在。在既定的农业资金条件下，农业生产经营者可以根据技术条件和各种要素的相对价格，以成本最小化或利润最大化为目标，选择最优的生产要素组合进行生产。资金是循环农业发展中不可缺少的"血液"，尤其是在循环农业发展前期，必须有较大的资金投入和基础设施建设才能满足发展循环农业最基本的要求。因此，农业循环经济与工业循环经济的发展有一个很大的不同之处，就是产业自身积累能力的差异。循环农业的施行者和受益者都是资金缺乏、信息闭塞、技术落后的农户个体，加之东北黑土区的经济发展水平同东南沿海发达地区相比还存在一定的差距，农户个体的积累能力明显不足，不仅投资基础薄弱，而且也难以满足循环农业中长期发展对资金源源不断的需求。另外，地方财政收入及投入有限，均难以对循环农业给予强力的资金支持。因此，农业资金不足是东北黑土区循环农业发展急需突破的瓶颈。

（4）应用广度过窄并且产业链条单一

东北黑土区的农业发展"粮鸡型"、"粮猪型"特征较为明显，区域内大部分农户停留在种植业与家庭畜牧业结合的初级阶段。虽然部分地区的循环农业进程推行较快，但是多处于产业链的初级环节，即绝大多数处在产业价值链生产加工单一环节上，且多处于农产品初加工环节，属于产业链的低端，附加值较低。虽然区域内大中城市的部分龙头企业，如北大荒米业、普康有机农业有限公司等，农业产业链延伸较长，甚至形成了闭合的产业链，但是产业链也只是单一的一条或几条，还没有形成立体交叉的产业集群，产

---

① 相关数据由《吉林省统计年鉴》和《黑龙江省统计年鉴》计算所得。

业配套也不完备，缺乏分工协作作为依托和支撑。因此，循环农业模式应用广度过窄并且产业链条单一是制约东北黑土区循环农业发展的又一瓶颈。

（5）技术瓶颈较为突出

循环农业建设是一项复杂的系统工程，它需要包括农业科学、生物工程科学、环境科学、生态学、资源科学、信息工程技术等在内的多种学科的支持。可以说，科学技术是这个系统衔接的硬支撑。而且循环链越长，所需要的技术就越多、越广、越复杂、越精细。东北黑土区由于循环农业起步较晚，农业科研与推广部门联系松散，导致农业科研项目中实用的科技成果不多，而循环农业推广中急需解决的技术难题却无法列入科研计划，致使技术瓶颈成为了制约循环农业发展的重要因素。笔者在对区域内的部分循环农业示范区进行调查时发现，即使探索循环农业发展模式较为成功的农业示范区也存在着废弃物处理技术不够成熟、秸秆气化技术不完善等一系列的技术难题。

（6）耕地保护工作的市场失灵

根据经济学理论，在充分竞争的市场上，各经济主体在追求自身利益最大化的过程中，能够实现社会资源的合理配置，达到"帕累托最优"。但经济现实却不是这样，往往由于公共品属性、信息不对称、外部性、垄断及产权不明晰等因素的影响，经常出现市场失灵或者说是市场障碍，从而导致经济运行偏离"帕累托最优"。东北黑土区现阶段的土地所有权归国家和集体所有，是一种公共产权，明显具有公共品属性。在这种产权安排下，农户通过砍伐森林、开荒种田扩大耕地面积所取得的收益全部归农户个人所有，而该行为对环境的破坏所带来的社会成本则由集体来承担，因此农户有扩大耕地面积的内在冲动。同理，对于其他土地使用者而言，在自身拥有短期经营权的土地资源上过度开发也成为其理性选择。从而在土地耕种问题上出现了一个问题，就是私人成本与社会成本的背离导致了市场失灵状态出现。

为了详细说明农户生产过程中私人成本与社会成本的背离，本书通过农户的短期投资与长期投资行为来论述这一现象。长期投资是指兴建和维护农业基础设施、努力改良土壤、涵养水源、保护耕地自然肥力等有利于耕地可持续利用的投资。短期投资则指在短期能见效的生产要素（如农药、化肥、开荒等）上的投资。由于化肥、农药的使用，容易导致土壤板结硬化，持水能力下降，容易引起水土流失，因此短期投资不利于耕地的可持续利用。农户对两种投资的多少，取决于成本与预期收益的比较。

假定农户生产行为的长期成本函数为 $C_L(I_L)$，长期收益函数为 $R_L(I_L)$，且遵循边际收益递减规律。农户的长期投资的私人边际收益和社会边际收益分别为 $MPR_L(I_L)$ 和 $MSR_L(I_L)$，长期边际成本为 $MC_L(I_L)$。目前我国农村普遍实行家庭联产承包责任制，该制度虽赋予了农户的长期土地使用权，但是由于黑土区广大农村都定期或不定期进行土地行政性调整，破坏了农户土地使用权的稳定性，导致农户进行长期投资改良土地后，土地很可能被其他人占有，此时农户长期投资所产生的社会边际收益 $MSR_L(I_L)$ 大于私人边际收益 $MPR_L(I_L)$，具有正的外部性。而该投资行为的私人成本与社会成本相等。本书将农户长期投资的边际成本曲线、边际收益曲线、社会边际收益曲线绘制成图 7-2。则如图 7-2 所示：社会最优投资水平为 I_L^*，均衡的投资水平为 I_L。由于农户长期投资的社会边际收益大于私人边际收益，使均衡投资水平 $I_L < I_L^*$，导致长期投资不足，说明农户不愿意修缮农业基础设施以对水土资源进行保护。

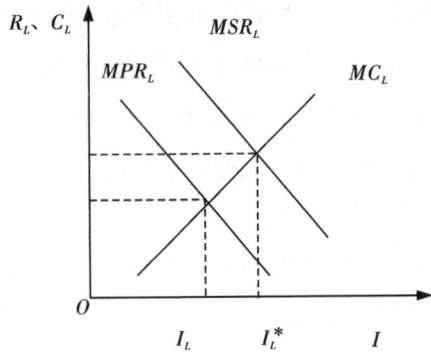

图 7-2　农民长期投资示意图

假定农户短期投资的预期总收益函数为 $R_s(I_s)$，总成本函数为 $C_s(I_s)$，农户的边际收益为 $MR_s(I_s)$，私人边际成本和社会边际成本分别为 $MPC_s(I_s)$ 和 $MSC_s(I_s)$。由于农户的短期投资行为易导致土壤板结硬化，持水能力下降，引起水土流失，因此该行为所产生的社会边际成本 $MSC_s(I_s)$ 大于私人边际成本 $MPC_s(I_s)$，具有负外部性，而该投资行为的私人收益与社会收益相等。将农户短期投资的边际成本曲线、边际收益曲线、社会边际收益曲线绘制成图 7-3。如图 7-3 所示：社会最优投资水平为 I_s^*，均衡的投资水平为 I_s，由于农户短期投资的社会边际成本大于私人边际成本，使均衡投资水平 $I_s > I_s^*$，导致短期投资过剩。说明农户在自身收益最大化的激励下不会考虑个人短期生产行为对农业生态环境的破坏，而愿意通过加大农药、化肥使用数量，以过度开荒、垦殖等方式来从事农业生产活动。

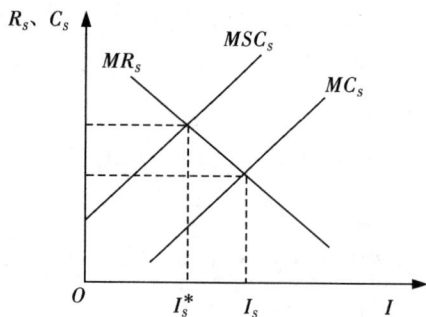

图 7-3 农民短期投资示意图

由上述分析可以看出，在长期投资的正外部性和短期投资的负外部性同时存在的情况下，农户缺乏对土地进行长期投资进而从事水土保持工作的动力，导致长期投资不足，不利于耕地的可持续利用。在水土流失导致土壤生产能力下降时，农户往往不通过采取保护耕地的措施来预防水土流失，而是选择增加化肥、农药的施用量的方式来提高产量，这种行为又加剧了水土流失。这正是经济学意义上的农户采用不合理的耕作方式的深层次原因。

著名的"公地悲剧"理论最能形象地说明上述现象。这一理论是由英国学者哈丁（Garrett Hardin）于 1968 年提出的。其核心内容表述为：在一片向所有牧民开放的公共牧场上，每增加一只羊带来的收入全部归牧民个人所有，而牧羊数量增加对牧场造成的危害则由所有牧民集体承担。因此，作为理性的经济人，每个牧民都希望通过增加牧羊的数量来增加自己的收益，不顾公共牧场的承受能力，牧场便会因过度放牧在数年后变得一片荒芜。公共牧场的悲剧是所有公共资源悲惨命运的一个生动写照。

从东北黑土区水土保持工作的实践和"公地悲剧"可以看出，土地的公共产品属性导致了市场失灵的出现，究其深层次原因则是产权不明确。公共资源的公共所有权与经济主体的私人经营权的两权分离，使任何经济主体都可从公共资源的利用中获得收益却不必承担相应的社会成本，致使每个理性经济人都有足够的动力来无限地使用相对稀缺的公共资源，最终造成对公共资源的过度利用。这正是前文提及的农户对耕地进行过度垦殖却不愿意从事水土保持工作的经济原因。最终结果正如"公地悲剧"理论所描述的一样，黑土地将面临着一种过度开发而又无人保护的悲惨境地，随着森林覆盖率的降低和不合理耕作方式的延续，东北黑土区的水土流失问题必将日益严重。因此，已经不能仅仅依靠市场机制来维持东北黑土区的水土保持工作。

（四）东北黑土区发展循环农业的对策

1. 加强宣传服务以增强农业主体的生态意识

传统的农业经济发展模式对自然生态环境破坏严重，在注重经济效益的同时并没有兼顾农业生态效益问题，严重地背离了农业可持续发展的原则，最终必将破坏农业经济赖以生存和发展的物质基础，直接危及生存空间，进而导致经济停滞。要想使这种状态得以改变，必须从农业微观经营主体的思想意识抓起，使他们充分地认识到农业循环经济发展理念的精髓，从内心自发地愿意从事循环农业的生产。为了达到这一目标，东北黑土区地方各级政府应积极响应中央政府的号召，通过各种媒体大力宣传农业循环经济的好处，让广大民众真正意识到循环农业是替代传统农业发展的必然趋势。同时，利用各种媒体及时发布区域内环境污染状况，让广大农业主体认识到地方农业生态资源形势的严峻性和发展循环农业的迫切需要。更应鼓励、支持广大民众积极参与绿色消费运动。在这方面，政府自身也应做出表率，通过绿色采购、绿色消费影响广大民众，并通过循环农业相关政策的制定来引导广大农户等微观经营主体进行绿色生产，实现循环经济，使循环系统的观念深入人心。

2. 加强农业生态保护工作

循环农业的根本目的在于协调农业生产的经济效益和生态效益之间的关系，因此对农业生态环境的保护是发展循环农业的重中之重。东北黑土区水土资源流失严重，农业生产的自身污染也陷入了一种恶性循环，这些都严重阻碍了区域内循环农业的发展。因此，要发展区域内的循环农业，各地应从实际情况出发做好农业生态保护工作。如制定切实可行的计划，并纳入当地农业发展的总体规划之中，把保护农业生态环境作为基本内容制订保护农业生态环境的评价指标体系，加强农业生态环境保护的科学研究和监测工作，加强水土资源流失的治理等。此外，还应努力发展农业清洁生产，通过生产和使用对环境友好的"绿色"农用生产资料（化肥、农药、地膜等），改善农业生产技术，减少农业污染的产生，把农业生产对生态环境的破坏降到最低。

3. 通过各种渠道融资弥补循环农业发展资金不足

循环农业发展资金不足，会促成循环农业发展的动力不足，必将限制东北黑土区循环农业发展的进程。为了弥补资金不足，可以根据区域内的实际情况采取多种手段来获得发展循环农业的资金：首先，地方政府应加大对农业的直接投入和对循环农业的扶持补贴力度。通过政府补贴力度的增加，变相地提高循环农业的积累能力，从而推动循环农业的发展。值得注意的是，对农业和农民的扶持补贴资金要真正落实到位，切不可只是口头上的承诺，挫伤农户发展循环农业的积极性。其次，加强农村防治自然灾害基础设施建设，完善自然灾害救助系统，缓解农户抗灾能力不足的压力。东北黑土区农业自然灾害主要是水灾和旱灾，并且防灾的基础设施建设也比较落后，不能有效消除自然灾害的消极后果，给农业生态环境带来了严重破坏。并且由于缺乏资金的投入，防御自然灾害的基础设施得不到及时修缮，进一步给农业生态环境的保护带来了障碍。因此，政府应加强农业防御自然灾害基础设施的建设工作，变相地对农户主体进行补贴。再次，对投资循环农业给予一定性的优惠政策，以吸引其他行业的资金流入。现阶段，农业的积累能力远远落后于工业，缺乏吸引资金流入的动力，只有通过一系列优惠政策的实施，改变资本投入循环农业获利能力差的现象，才能进一步吸引资本流入循环农业生产中来。最后，给予循环农业经营主体贷款优惠政策，从融资渠道上保障循环农业有足够的资金来进行生产。

4. 拓宽循环农业模式的应用广度

循环农业系统是一个包含多要素的集合体，这个系统运行稳定与否同要素之间的关联性密切相关。这种关联性在循环农业发展实践中表现为农业（种植业）与家庭畜牧业、工业、养殖业、农副产品加工业的有机结合。东北黑土区现阶段循环农业模式应用广度过窄，产业链条单一，是不符合循环农业系统运行的稳定性要求的。例如，区域内循环农业发展比较好的典型多是龙头企业带动的发展模式，而龙头企业的循环农业发展模式多是停留在一个单一链条上，并不是纵横交叉的立体链条，在市场竞争的冲击下，单一链条的某个环节很可能遭到破坏，那么整个循环农业模式也会随之肢解。如果建立起立体交叉的循环农业产业集群，循环农业系统运行的稳定性自然会变得更加稳固，某一链条的某一环节上出现的破坏对整个系统运行的影响也不会那么显著，从而保障循环农业模式得以顺利推行下去。因此，东北黑土区在循环农业发展模式上应该积极探索，不能只局限于眼前的农业（种植业）与某个行业（家庭畜牧、养殖业等）简单结合的现状，而应把现有的产业链拓宽，进而立体化，从而推动循环农业的蓬勃发展。

5. 构建强力的循环农业技术支撑体系

循环农业是将农业经济活动与生态系统的各种资源要素视为一个密不可分的整体加以统筹协调的新型农业发展模式。这一农业发展模式要顺利开展下去，与节约资源和保护环境的农业技术、废弃物综合利用技术、相关产业链接技术和可再生能源开发利用技术等科学技术的发展是密不可分的。东北黑土区现阶段循环农业发展的技术支撑体系还不完善，还不能很好地为循环农业发展服务。为了推进地方循环农业技术支撑体系的完善，东北黑土区应着重把握好以下三个方面：首先，加大科技投入力度，支持循环农业关键技术的开发。现阶段东北黑土区农户等主体还没有实力从事循环农业技术研发工作，地方各级政府应加大科技投入力度，加快"减量化"关键技术、"再利用"关键技术、"再循环"关键技术的研发进程，以带动循环农业的发展；其次，积极引进区域外、国外的先进循环农业技术。技术引进相对于技术研发来讲，具有成本低、见效快等特点。东北黑土区可以根据自身循环农业发展的实际情况，引进区域外、国外的先进循环农业技术来解决区域内循环农业发展过程中的技术瓶颈，以促进循环农业的发展；最后，健全循环农业技术推广服务体系。可以考虑建立专家指导组，充分发挥农业科研和技术推广单位的作用，采用"技术下乡"等形式，把废弃物综合利用技术、相关产业链接技术等实用技术进行优化组合，加速技术推广应用。还可以考虑对基层农业技术推广机构进行体制创新和机制创新，分别建立起承担公益性服务职能和经营性服务职能的循环型农业技术推广机构，逐步形成无偿服务与有偿服务相结合，符合东北黑土区地方特色的新型基层农业技术推广体系，进一步满足循环农业对技术推广的需要。

6. 稳定耕地的长期使用权

东北黑土区内实行的家庭联产承包责任制，虽然赋予了农户对土地的长期使用权，但是由于大部分农村都定期或不定期进行土地行政性调整，破坏了农户土地使用权的稳定性，对耕地资源的保护非常不利。农户拥有稳定的长期土地使用权具有三方面的好处：首先，农户过度开采土地造成水土流失、生态环境恶化的社会成本必须由农户自己承担，为了保证土地的可持续利用，农户有足够的积极性来合理使用土地，避免公地的悲剧再次发生；其次，农户进行长期投资改良土地所取得的收益全部归农户所有，有利于激励农户进行长期投资保护耕地。而农户进行短期投资对土地造成的破坏由自身承担，这必将促使农户减少短期投资防止水土流失；最后，农户的利益与土地的使用状况紧密地联系在一起，当遇到其他主体的经济行为对土地造成破坏时，农户有动力进行制止并通过法律武器保障土地的可持续利用，这也降低了政府的监督成本。因此，必须稳定农户对耕地的长期使用权以防止水土保持工作中市场失灵现象的出现。

结　论

东北黑土区作为我国重要的粮食主产区之一，在农业可持续发展问题上障碍重重，农业规模化问题、农业市场化问题、水土资源流失问题和可持续发展模式的选择问题显得尤为突出。这几个问题的存在直接或间接地导致了黑土区其他农业问题的出现，因此区域内的农业可持续化发展水平还有很长的一段路要走。

一、关于东北黑土区农业规模经营问题

农业经营同其他生产方式一样，存在着一个最佳规模。如果农业生产没有达到最佳规模则表示还没有最大限度地获得规模经济的好处，农业生产规模就有进一步扩大的需要。虽然根据不同的农业现实每个地区发展农业生产的最佳规模是不确定的，但是东北黑土区农业生产过程中所暴露的一些问题已经表明东北黑土区的农业生产有提高经营规模的需要。例如，区域内实行的是在家庭联产承包责任制下的均田生产形式，农户在家庭成员所承包的有限规模土地上耕种，明显具有小农经济特征，普遍存在着人多地少的现象，大量的富余劳动力滞留在农村，给农业经济的发展带来了沉重的包袱。促进适度规模经营的最直接办法就是通过耕地流转来实现耕地集中，进而实现生产领域的适度规模经营。只有生产领域的适度规模经营有了一定发展，才能带动农业产前规模经营和产后规模经营的发展。推行耕地流转促进农业生产的规模经营涉及一个困难就是劳动力的转移问题。目前，东北黑土区的富余劳动力问题不可能像美国黑土区那样依靠战争与经济危机的机遇来解决，在没有乌克兰大平原黑土区那样充足的耕地资源的条件下，只能依靠第二、三

产业的发展对劳动力的吸收以及农业自身组织创新对劳动力的吸收来解决问题。因此，就东北黑土区现阶段的农业实践来说，农村城镇化的发展通过对劳动力转移问题的影响进而对农业适度规模经营的影响是深远的。当然，东北黑土区通过农业合作化等方式发展规模经营不是"农业合作社"形式的体制回归，而是在产权明晰、收益分配合理的基础上的农业联合。鉴于此，东北黑土区应该通过农村城镇化、发展乡镇企业等手段拓展农业劳动力的非农就业渠道，加速劳动力的转移进程，采用各种方式促进耕地集中，推动农业适度规模经营的发展。当然，劳动力转移与耕地集中应该都是一个循序渐进的过程，不能通过政府的强势干预而来激进地进行，而应该有一个缓冲的过程，否则会引起部分农业经营主体情绪的不满，给地方农业经济的发展带来一定的破坏作用。东北黑土区可以借鉴浙江等省份的耕地流转经验，采取多种形式促进耕地流转，以满足农业适度规模经营的需要。

二、关于东北黑土区的农业市场化问题

东北黑土区的小农经济虽然是一种自负盈亏的市场经营机制，但由于受到土地经营规模的限制，只能依靠科学技术发展改变资本投入与土地投入比例的方式缓慢地推动农业经济的发展。这样，东北黑土区的农业生产由于自身积累能力的限制，部分特征还表现为自然经济封闭的特点。因此，东北黑土区的农业经济在市场化建设过程中虽然取得了一定的成绩，但是市场化总体水平不高，还存在着一些问题。例如服务市场欠缺、农业风险化解途径缺失、逆市场行为突出、农业主体市场意识薄弱、法律建设支持不足等。从东北黑土区目前的农业市场化建设水平来看，区域内的农业经营活动处于转轨后期市场经济状态，还没有达到欠发达市场化水平，离发达市场化状态还有很大的差距。目前这种状态下，市场机制对农业资源的配置没有达到最优状态，生产出的农产品价值没有得到完全实现，进而影响了农业效益水平的进一步提高。鉴于此，东北黑土区应该进一步做好农业市场化建设工作，通过大力发展服务市场、调节逆市场行为、培养农业主体的市场意识、建立农业保障体系、盘活要素市场、加强相关法律建设等方式来推动农业市场化的发展。东北黑土区可以借鉴美国黑土区发达市场农业的先进经验，同时吸取乌克兰大平原黑土区农业市场化改革的教训，参考浙江、山西等省份的农业市

场化工作，探索东北黑土区自己的农业市场化路径。需要强调的是，市场竞争的直接结果就是优胜劣汰，这对于现阶段正处于经济弱势地位的东北黑土区农民来说，无疑是残酷的。因此，地方政府在加强农业市场化建设工作的同时，应该注意对处于竞争劣势农户的安置工作，以免由于市场化水平的提高，竞争变得激烈，使遭到市场淘汰的农户处于水深火热之中。

三、关于东北黑土区农业可持续发展模式的选择问题

循环农业是基于人类活动和农业自然生态环境协调发展的思想而实施的农业发展模式，力求人类的农业经济活动对自然生态资源的破坏达到最小。因此，循环农业是东北黑土区农业可持续发展的必然选择。由于循环农业发展模式起步较晚，东北黑土区的循环农业思想还没有深入人心，农业自然生态资源也没有得到相应的保护。最为明显的现象是东北黑土区水土资源流失情况严重，尤其是坡耕地的流失已经对区域内的耕地资源产生了严重的破坏作用。加之黑土区发展循环农业的过程中存在着资金短缺、农业污染严重、产业链条单一、技术瓶颈等一系列的问题，致使东北黑土区的循环农业发展状况不尽如人意。鉴于此，东北黑土区应该借鉴美国等发达国家的水土资源保持工作的经验，以及浙江、山西等省份的关于发展循环农业的先进经验，并结合东北黑土区的农业经济发展实际来推行循环农业发展模式。在巩固循环农业发展现有成果的基础上积极探索新的循环农业实现模式，在延长农业产业链的同时做到促进农业效益水平的提升。需要强调的是东北黑土区由于其气候、植被等方面的特殊性，在借鉴其他地区循环农业发展经验时，应注重对其他地区发展模式中所蕴含的思想的借鉴，而不应僵化地照搬其他地区的模式，以免东北黑土区的循环农业发展模式误入不切实际的歧途。

其实，各个地区所面临的农业现实是有差异的，进而农业可持续发展问题也必然存在着一定的差异。因此对农业可持续发展问题的研究也应该结合各个地区的实际来展开探讨。本书所阐述的农业规模经营问题、农业市场化问题及循环农业问题也并不是孤立的，只有把三者有机结合起来才能真正地促进东北黑土区农业的可持续发展。例如，农业适度规模经营的发展可以获得规模经济的好处，进而提高农业产业的竞争力，增强农业生产活动抵御市场风险的能力，使更多的农业主体参与到市场竞争中来，从而提升了农业经

济的市场化水平；农业市场化水平的提高会促使市场竞争变得更为激烈，进一步导致农业生产者的优胜劣汰，促进农业资源更多地转入优胜者手中，从而使农业经营的规模化水平有所提高；农业适度规模经营的发展以及农业市场化水平的提高在提升农业效益水平之后，会使农业经营主体拥有更多的资金来做好农业生态环境保护工作及农业循环技术的研发工作，从而推动循环农业的发展；循环农业模式的顺利实施则为农业适度规模经营和农业市场化建设提供了持久性的保证，促使作为农业适度规模经营和农业市场化建设物质基础的自然生态资源能够可持续地被利用下去，进而保障了农业适度规模经营和农业市场化建设的连续性。因此，只有把农业规模经营、农业市场化和推行循环农业这三个发展方向有机地结合起来，才能走出一条符合东北黑土区实际的农业经济发展之路。

一、著作类

[1] [美] 阿瑟·刘易斯. 二元经济论 [M]. 施炜，谢兵，苏玉宏，译. 北京：北京经济学院出版，1989.

[2] [美] 保罗·霍肯. 商业生态学——可持续发展的宣言 [M]. 夏善晨，余继英，方堃，译. 上海：上海译文出版社，2001.

[3] [美] 巴里·康芒纳. 与地球和平共处 [M]. 王喜六，王文江，陈兰芳，译. 上海：上海译文出版社，2001.

[4] 毕宝德. 土地经济学 [M]. 北京：中国人民大学出版社，1996.

[5] 曹俊杰. 开放条件下区域农业结构调整与可持续发展 [M]. 北京：中国财政经济出版社，2003.

[6] 崔铁宁. 循环型社会及其规划理论和方法 [M]. 北京：中国环境科学出版社，2005.

[7] 陈吉元，韩俊等. 人口大国的农业增长 [M]. 上海：上海远东出版社 1996.

[8] 陈厚基. 持续农业和农村发展——SARD 的理论与实践 [M]. 北京：中国农业科技出版社，1994.

[9] 龚子同. 中国土壤系统分类——理论·方法·实践 [M]. 北京：科学出版社，1999.

[10] [美] 盖尔·克拉默，克拉伦斯·詹森. 农业经济学和农业企业 [M]. 吴大忻，厉为民，译. 北京：中国社会科学出版社，1994.

[11] 韩纯儒. 中国生态学发展战略 [M]. 北京：北京经济出版社，1992.

[12] [澳] 基姆·安德森，[日] 速水佑次郎. 农业保护的政治经济学 [M].

蔡昉，杜志雄等，译．天津：天津人民出版社，1996.

[13] [英] 巴顿．城市经济学 [M]．上海社会科学院部门经济研究所，译．北京：商务印书馆，1986.

[14] 孔祥智．制度创新与中国农村城镇化 [M]．北京：中国经济出版社，2001.

[15] 林毅夫．再论制度、技术与中国农业发展 [M]．北京：北京大学出版社，1990.

[16] 卢良恕，梅方权．中国农业可持续发展与综合生产力研究 [M]．山东：山东科学技术出版社，1995.

[17] 林善浪．中国农村土地制度与效率研究 [M]．北京：经济科学出版社，1999.

[18] 马克思．资本论（第三卷） [M]．北京：人民出版社，2018.

[19] 马世骏．中国农业生态工程 [M]．北京：北京科学出版社，1987.

[20] 毛育刚．中国农业演变之探索 [M]．北京：社会科学文献出版社，2001.

[21] 毛汉英．人地系统与区域持续发展研究 [M]．北京：中国科学技术出版社，1995.

[22] 孟繁琪．土地规模经营论 [M]．北京：农业出版社1990.

[23] 马洪，王梦奎主编．中国发展研究 [M]．北京：中国发展出版社，2003.

[24] 牛若峰，李成贵，郑有贵．中国的"三农"问题——回顾与展望 [M]．北京：中国社会科学出版社，2004.

[25] 钱忠好．中国农村土地制度变迁和创新研究 [M]．北京：中国农业出版社，1999.

[26] 秦庆武．中国农村组织与制度的变迁 [M]．北京：中国城市出版社，2000.

[27] [日] 太田原高昭．日本农协的组织、机能及其运营 [M]．上海：上海财经大学出版社，1997.

[28] 温铁军．三农问题与世纪反思 [M]．北京：生活·读书·新知三联书店，2005.

[29] [英] 基利．沃辛敦．生态农业及其有关农业技术 [M]．张壬午，译．北京：北京农业出版社，1984.

[30] 王学军．清洁生产概论 [M]．北京：中国检察出版社，2000.

[31] 王景新. 中国农村土地制度的世纪变革 [M]. 北京：中国经济出版社，2000.

[32] 王信领，王孔秀，王希荣. 可持续发展概论 [M]. 济南：山东人民出版社，2000.

[33] 王克安. 中国农村村级社区发展模式 [M]. 武汉：湖北人民出版社2001.

[34] [美] 亚当·斯密. 国民财富的性质和原因的研究 [M]. 郭大力，王亚南，译. 北京：商务印书馆，1997.

[35] 朱希刚，钱伟曾. 农户种植业规模研究 [M]. 北京：中国人民大学出版社，1990.

[36] 张维达. 政治经济学 [M]. 北京：高等教育出版社，1998.

[37] 张卓元. 政治经济学大辞典 [M]. 北京：经济科学出版社，1998.

[38] 张壬午. 县级生态农业建设方法 [M]. 北京：中国科学技术出版社，1992.

[39] 冯之浚. 循环经济导论 [M]. 北京：人民出版社，2004.

[40] 黄贤金. 循环经济：产业模式与政策体系 [M]. 南京：南京大学出版社，2004.

[41] 刘江. 21 世纪初中国农业发展战略 [M]. 北京：中国农业出版社，2000.

[42] 乔梁. 规模经济论 [M]. 北京：对外经济贸易大学出版社，2000.

[43] 舒尔茨. 改造传统 [M]. 梁根，译. 北京：商务印书馆，1987.

[44] 许纯祯. 西方经济学 [M]. 北京：高等教育出版社，1998.

[45] 袁光耀. 可持续发展概论 [M]. 北京：中国环境科学出版社，2000.

二、论文类

[1] 艾默里·洛文斯. 自然资本论导读 [J]. 世界科学，2000 (8).

[2] 艾大宾. 欠发达地区发展农地适度规模经营的若干思考 [J]. 农业经济，2006 (9).

[3] 曹俊杰，刘国华. 发展现代农业：国际经验与中国模式 [J]. 世界经济与政治论坛，2004 (4).

[4] 崔和瑞. 区域农业可持续发展系统分析及实现模式 [J]. 国土与自然资源研究，2004 (1).

［5］崔和瑞．基于循环经济理论的区域农业可持续发展模式研究［J］．农业现代化研究，2004（2）．

［6］蔡秀玲．农业小规模经营与交易成本初探［J］．当代经济研究，2003（1）．

［7］陈焕英，崔和瑞．发展循环经济促进农业可持续发展［J］．中国农学通报，2005（7）．

［8］陈德敏．循环农业——中国未来农业的发展模式［J］．经济师，2002（11）．

［9］陈克亮．循环经济在城市生态农业中的应用［J］．生态经济，2005（6）．

［10］陈欣欣，史清华，蒋伟峰．不同经营规模农地效益的比较及其演变趋势分析［J］．农业经济问题，2000（12）．

［11］陈小洪．规模经济初探［J］．数量经济与技术经济，1989（7）．

［12］陈耀．农村土地市场化改革与社会主义新农村建设［J］．中国国土资源经济，2006（10）．

［13］陈剑锋．以思路创新促进欠发达地区农业生产模式的转变［J］．求实，2006（7）．

［14］陈来生．全球性农业公共品供给问题探讨［J］．生产力研究，2005（10）．

［15］陈风云．我国中西部地区农业经济可持续发展问题探析［J］．集团经济研究，2005（16）．

［16］陈宝兰．现代集约可持续农业的构想［J］．乡镇经济，2006（12）．

［17］陈建西，何明章，刘学伟．四川地震灾区灾后重建的农业可持续发展评价指标设计［J］．广东农业科学，2011（10）．

［18］程传兴．加快农村市场化进程的基本途径研究［J］．甘肃社会科学，2005（2）．

［19］程叶青．东北地区农业可持续发展问题探讨［J］．经济地理，2006（2）．

［20］段进东．"虚拟所有权"与我国农地产权制度的创新［J］．理论探讨，2004（4）．

［21］丁春福．关于农村土地适度规模经营问题的思考［J］．农业经济，2003（3）．

［22］丁贤勋，王成祥，马岳．着力推进农业优势产业的产业化进程［J］．浙

江经济，1997（9）.

［23］丁建国.可持续农业的多重贡献及其货币化评估［J］.新疆农业科学，2004（2）.

［24］范小健.新形势下推进农业产业化问题思考［J］.中国农村经济，2002（10）.

［25］范昊明.世界三大黑土区水土流失与防治比较分析［J］.自然资源学报，2005（3）.

［26］冯先宁.论农地适度规模经营与制度创新［J］.经济体制改革，2004（3）.

［27］冯海龙，刘俊英.中国农村经济市场化的几点思考［J］.经济问题探索，2004（9）.

［28］付兆刚.发达国家农业现代化的国际经验及对我国的启示［J］.北方经贸，2006（4）.

［29］郭铁民.福建发展循环农业的战略规划思路与模式选择［J］.福建论坛，2004（11）.

［30］谷曼.我国循环农业发展的制因与对策［J］.河南农业，2006（4）.

［31］耿玉春.发展农业规模经营的基本思路［J］.山西师大学报（社会科学版），2006（3）.

［32］黄明洲.对十五间我国农机化技术发展方向与重点的思考［J］.农业工程学报，2002（1）.

［33］黄祖辉，郭红东，蔡新光.浙江农业产业化经营：实践与对策［J］.浙江学刊，1999（5）.

［34］胡同恭.论苏南农村土地制度的改革［J］.南京师范大学学报（社会科学版），2000（4）.

［35］何坪华，杨名远.农户经营市场交易成本构成与现状的实证分析［J］.中国农村经济，1999（6）.

［36］何艳芬，马超群.东北黑土资源及其农业可持续利用研究［J］.干旱区资源与环境，2003（4）.

［37］何凡，段雪梅.论农业市场化与农民的非农化［J］.四川师范学院学报，2003（1）.

［38］贺新春.生态伦理视角下的生态农业建设［J］.安徽农业科学，2007

（8）．

[39] 韩纪江，孔祥智．城镇化中农民失地的必然性及问题分析 [J]．经济问题，2005（8）．

[40] 韩国明，安杨芳．贫困地区农民专业合作社参与农业技术推广分析 [J]．开发研究，2010（2）．

[41] 洪霞．农业可持续发展与农业现代化 [J]．天津农业科学，2004（3）．

[42] 江国华．对小农经济的几点思考 [J]．内蒙古科技与经济，2003（8）．

[43] 姜文来．农业水资源管理机制研究 [J]．农业现代化研究，2001（2）．

[44] 李伏明．小农经济：理论与实际 [J]．天府新论，2006（1）．

[45] 李尚红．对构建我国民营农场制度若干问题的思考 [J]．特区经济，2006（1）．

[46] 李志强．发展农业循环经济，促进农业可持续发展 [J]．河南农业科学，2006（1）．

[47] 李六石．略论我国农业规模化经营的制约机制 [J]．农业经济，2005（1）．

[48] 李世安．英国农村剩余劳动力转移问题的考察 [J]．世界历史，2005（2）．

[49] 李刚．论可持续农业生态经济系统 [J]．经济与管理，2004（12）．

[50] 李刚．西部农业可持续发展的制度与变迁 [J]．生产力研究，2004（8）．

[51] 李泽峰．山西农业产业结构调整与市场发展研究 [J]．山西农业科学，2006（2）．

[52] 李金荣．振兴吉林农业的市场营销策略 [J]．行政与法，2005（8）．

[53] 李剑富，魏毅．政府、农民行为与推进县域生态农业建设 [J]．商业研究，2004（23）．

[54] 解振华．关于循环经济理论与政策 [J]．环境保护，2004（1）．

[55] 林跃勤．俄罗斯农业改革及其经验借鉴 [J]．俄罗斯中亚东欧市场，2006（3）．

[56] 林涛，梁贤．基于生物依存关系的生态农业建设研究 [J]．农村经济，2009（5）．

[57] 卢良恕．面向 21 世纪的中国农业科技与现代农业建设 [J]．农业经济问题，2001（8）．

[58] 罗必良. 农地经营规模的效率决定 [J]. 中国农村观察, 2000 (5).

[59] 罗永康, 昂川, 姜波, 徐彬. 宜宾地区生态农业建设的实践及启示 [J]. 农村经济, 1997 (8).

[60] 梁小民. 加入 WTO, 农业怎么办——放开价格, 推进农业市场化改革 [J]. 改革与理论, 2001 (12).

[61] 刘金山. 中国农业市场化的数量特征与逆市场行为分析 [J]. 农业经济问题, 2002 (11).

[62] 刘自强. 1865—1914 年美国农业问题探析 [J]. 求索, 2006 (6).

[63] 刘丽伟. 国外农业可持续发展经验及对我国的启示 [J]. 党政干部学刊, 2006 (8).

[64] 刘国斌, 陈治国. 利用城镇化发展县域经济的战略选择 [J]. 当代经济研究, 2006 (10).

[65] 刘丙友. 典型黑土区土壤退化及可持续利用问题探讨 [J]. 中国水土保持, 2003 (12).

[66] 刘凤芹. 中国农业土地经营的规模研究 [J]. 财经问题研究, 2003 (10).

[67] 刘凤芹. 不完全合约与履约障碍——以订单农业为例 [J]. 经济研究, 2003 (4).

[68] 刘永昌, 马宏达. 退耕还草实现辽宁农业可持续发展 [J]. 农业经济, 2004 (1).

[69] 刘艳梅. 三农问题的瓶颈制约与农业可持续发展——兼论农村能源建设问题 [J]. 江汉论坛, 2006 (3).

[70] 雷·戈德堡. 美国农业企业冲破孤立处境 [J]. 哈佛商业评论, 1995 (6).

[71] 马其芳, 黄贤金. 区域农业循环经济发展评价及其障碍度诊断 [J]. 南京农业大学学报, 2006 (2).

[72] 麻茵萍. 发达国家农业现代化的经验与我国农业现代化的道路选择 [J]. 经济研究参考, 1994 (6).

[73] 闵学冲. 农业市场化与合作经济 [J]. 北京商学院学报, 1994 (1).

[74] 宁哲, 王兰, 韩微. 粮食安全背景下黑龙江省农业可持续发展评价方法 [J]. 东北林业大学学报, 2009 (4).

[75] 彭群. 国内外农业规模经济理论研究述评 [J]. 中国农村观察, 1999 (1).

[76] 彭万臣. 黑龙江省农业可持续发展评价与对策研究 [J]. 中国农业资源与区划, 2005 (5).

[77] 钱贵霞, 李宁辉. 不同粮食生产经营规模农户效益分析 [J]. 农业技术经济, 2005 (4).

[78] 钱贵霞, 李宁辉. 粮食主产区农户最优生产经营规模分析 [J]. 统计研究, 2004 (10).

[79] 齐红倩. 发展循环经济实现我国农业的可持续发展 [J]. 学习与探索, 2005 (5).

[80] 曲用心. 产业化: 中国农业粮食安全与农业可持续发展的必由之路 [J]. 学术论坛, 2005 (9).

[81] 沈春梅. 关于我国农业市场化问题的思考 [J]. 山东省农业管理干部学院学报, 2005 (5).

[82] 苏振芳. 中国小农经济的历史演变与农村社会结构的变迁 [J]. 马克思主义与现实, 2004 (6).

[83] 单胜道, 黄祖辉. 马克思的土地肥力观述评 [J]. 浙江大学学报, 2001 (3).

[84] 孙正林, 范明, 尹剑锋. 中国农村城镇化的体制性障碍及对策 [J]. 学习与探索, 2005 (5).

[85] 尚明瑞. 农业与农村经济可持续发展理论研究述评 [J]. 社会科学战线, 2005 (4).

[86] 谭英智, 谭华. 试论生态农业的微观组织——生态农庄模式 [J]. 科技进步与对策, 2003 (8).

[87] 唐大章. 农业市场化改革的思考 [J]. 现代经济探讨, 2003 (1).

[88] 文启胜. 循环农业——农业中的经济循环和生态循环 [J]. 中国农村经济, 1986 (8).

[89] 温文静, 温伟霆. 农地规模经营与产权制度建设 [J]. 理论探讨, 2002 (6).

[90] 魏杰. 推进中国农村经济市场化的几个问题 [J]. 经济纵横, 1996 (2).

[91] 吴天马. 循环经济与可持续发展 [J]. 环境导报, 2002 (4).

［92］吴彦红，刘云，严霖元，刘燕德．发展农业机械化推进农业现代化［J］．农机化研究，2004（6）．

［93］吴天锡．乌克兰农业发展历程及前景展望［J］．世界农业，2004（1）．

［94］王维．黑龙江省农业市场化进程测算模型与分析［J］．统计与决策，2006（4）．

［95］王玉玺．东北黑土区水土流失成因分析［J］．水土保持科技情报，2002（3）．

［96］王占哲．松嫩平原黑土区农业可持续发展展望与对策［J］．农业系统科学与综合研究，2001（3）．

［97］王洪丽，郝庆升．吉林省农业可持续发展的生态安全评价［J］．现代农业科技，2005（12）．

［98］王合新．中国现代农业建设的若干问题研究［J］．社会科学战线，2004（4）．

［99］王世岩．我国湿地农业可持续发展模式探析［J］．中国生态农业学报，2005（2）．

［100］王雅芹．我国农业可持续发展对策探讨［J］．经济前沿，2006（5）．

［101］王雅芹．我国农业可持续发展的制约因素分析［J］．生态经济，2005（8）．

［102］王虹，韩福荣．循环经济思想发展与影响评述［J］．北京工业大学学报，2004（12）．

［103］王晖．农地股份合作制：中国农地适度规模经营［J］．学术交流，2005（8）．

［104］王正斌，何爱平．发展西部生态农业建设的对策研究［J］．中国软科学，2002（10）．

［105］许佳君．公司制农场：我国农村土地规模经营的路径选择［J］．经济纵横，2006（9）．

［106］谢根成，薛云．对制约我国农地经营规模的因素分析［J］．农业经济，2004（10）．

［107］谢茹．中国农村土地产权制度的缺陷与创新［J］．农业经济研究，1998（10）．

［108］肖光顺．农村土地规模经营与基层政府职能创新［J］．福建师范大学学

报，2005（3）.

[109] 向国成. 小农经济效率改进论纲：超边际经济学之应用研究 [J]. 社会科学战线，2005（4）.

[110] 熊贤良. 区分规模经济的层次及相应对策 [J]. 管理世界，1997（4）.

[111] 熊瑶. 发展循环经济，促进农业可持续发展 [J]. 江西农业大学学报（社会科学版），2005（4）.

[112] 夏永祥. 农业效率与土地经营规模 [J]. 农业经济问题，2002（7）.

[113] 夏庆利，易法海. 我国农业集约化规模经营的瓶颈、根源及对策 [J]. 农业现代化研究，2006（4）.

[114] 徐竟成，付兴振. 东南沿海地区循环型农业建设模式探索 [J]. 贵州农业科学，2006（3）.

[115] 徐更生，刘振邦. 国外农业规模经济问题综述 [J]. 世界农业，1998（12）.

[116] 杨代友. 对"土地肥力递减规律"的再认识 [J]. 开发研究，1996（4）.

[117] 杨敏丽，白人朴. 我国农业机械化发展的阶段性研究 [J]. 农业机械学报，2005（12）.

[118] 杨春禧. 土地征用中利益差序格局的制度重构 [J]. 财经科学. 2005（1）.

[119] 杨国玉，郝秀英. 关于农业规模经营的理论思考 [J]. 经济问题，2005（12）.

[120] 杨林娟. 美国、日本的农地制度对中国农业现代化的启示 [J]. 甘肃农业，1994（4）.

[121] 杨润广. 农业规模化经营是必由之路 [J]. 中国国情国力，2004（1）.

[122] 杨兰举. 中国农业可持续发展面临的问题及对策 [J]. 经济论坛，2005（10）.

[123] 姚洋. 中国农村土地制度安排与农业绩效 [J]. 中国农村观察，1998（6）.

[124] 姚勇. 农业市场化：农产品贸易和农业专业化的桥梁 [J]. 经济学动态，1997（7）.

[125] 衣保中. 论近代东北地区的"大农"规模经济 [J]. 中国农史，2006

（2）.

［126］于志成．如何推进农村经济市场化［J］．经济问题，1995（4）.

［127］余敬德．循环经济、农业可持续发展与青海特色农产品国际竞争力［J］．集团经济研究，2006（12）.

［128］袁建岐．国外农业产业化经营的模式与经验［J］．新农村，2006（6）.

［129］袁华萍．资源、环境与农业可持续发展的政策引导［J］．江淮论坛，2006（5）.

［130］朱希刚．市场化与我国农业科研体制改革［J］．农业经济问题，1994（2）.

［131］朱鹏颐．发展农业循环经济的策略探讨［J］．福建农林大学学报（哲学社会科学版），2006（3）.

［132］朱泮民．农业可持续发展问题的生态对策［J］．经济师，2004（9）.

［133］朱明芬．浙江失地农民利益保障现状调查及对策［J］．中国农村经济，2003（3）.

［134］朱博文．国外家庭农场发展的经验与启示［J］．新疆农垦经济．2005（2）.

［135］褚保金，游小建，卢朝晖．应用面向对象分析思想构建农业可持续发展评价指标体系［J］．农业经济问题，1999（11）.

［136］祝华军，田志宏，魏勤芳．农业技术的要素替代特性及我国工厂化农业技术的发展方向［J］．农业现代化研究，2003（6）.

［137］左锋．循环农业中的环境资源合理定价［J］．商业时代，2006（11）.

［138］郑秀文．东北黑土区水土流失调查［J］．沿海环境，2002（10）.

［139］郑林．现代化与三元结构的农业技术创新体系［J］．中国农史，2004（3）.

［140］周其仁．中国农村改革：国家和所有权关系的变化［J］．管理世界，1995（3）.

［141］周江红，林洪涛．东北黑土区水土流失状况调查、分析及对策［J］．水土保持科技情报，2003（4.）.

［142］周玉梅．论农业安全与可持续发展［J］．经济纵横，2005（2）.

［143］周建春．从耕地流失谈农民土地权益的保护［J］．中国发展观察，2005（3）.

[144] 周志雄. 后发地区的城镇化道路与新农村建设 [J]. 甘肃社会科学, 2006 (5).

[145] 赵旭强. 农业规模化经营面临的矛盾及出路 [J]. 经济问题, 2006 (7).

[146] 赵旭强, 韩克勇. 试论农业规模化经营及其国际经验和启示 [J]. 福建论坛, 2006 (8).

[147] 赵昶. 农业可持续发展的要素偏好分析 [J]. 江西社会科学, 2004 (7).

[148] 赵莹雪. 山区县域农业可持续发展评价指标体系及方法 [J]. 经济地理, 2002 (5).

[149] 张应杭. "安土"观念对农民现代化的负面影响 [J]. 求是学刊, 1996 (5).

[150] 张兆同, 周应堂. 论市场化农业的制约因素与解决思路 [J]. 经济问题, 2005 (1).

[151] 张忠根, 史清华. 农地生产率变化及不同规模农户农地生产率比较研究——浙江省农村固定观察点农户农地经营状况分析 [J]. 中国农村经济, 2001 (1).

[152] 张俊英. 关于农村城镇化发展的研究 [J]. 企业经济, 2005 (4).

[153] 张贵友. 技术创新与循环农业发展 [J]. 技术经济, 2006 (9).

[154] 张红宇. 中国农地调整与使用权流转 [J]. 管理世界, 2002 (5).

[155] 张广翠. 东北地区农业可持续发展的道路选择 [J]. 人口学刊, 2005 (1).

[156] 张应良. 试论中国农业可持续发展的助推器——农业信息化 [J]. 西南农业大学学报 (社会科学版), 2004 (1).

[157] 张军以, 苏维词. 基于低碳经济的生态农业发展模式与对策探讨 [J]. 农业现代化研究, 2011 (1).

[158] 张凤太, 王腊春, 苏维词, 邵技新. 岩溶脆弱生态区农业可持续发展模式创新构想 [J]. 热带地理, 2012 (2).

[159] 章庆民. 生态农业与农业可持续发展研究 [J]. 集团经济研究, 2004 (12).

[160] 周苏娅. 我国农业可持续发展的制约因素、动力机制及路径选择 [J].

学术交流，2015（4）.

［161］张羽，赵鑫．农村金融发展拉动了农村经济增长吗——基于面板平滑迁移模型的经验证据［J］．社会科学战线，2015（10）.

［162］杜松华，陈扬森，柯晓波，蒋瑞新．"互联网＋生态农业"可持续发展——广东绿谷模式探究［J］．管理评论，2017（6）.

［163］辛岭，胡志全．中国农业可持续发展水平评价［J］．中国农业科技导报，2015（8）.

［164］周丕娟．农业可持续发展视角下的技术创新研究［J］．经济问题探索，2011（3）.

［165］徐嘉泓，彭恋思，谢锦文，李镇贤，杜松华．利用适用技术促进河源农业共生共赢可持续发展［J］．南方农业，2016（11）.

［166］赫修贵．生态农业是中国发展现代农业的主导［J］．理论探讨，2014（11）.

［167］杨瑞珍，陈印军．中国现代生态农业发展趋势与任务［J］．中国农业资源与区划，2017（5）.

［168］王欣蕊，李双异，苏里，汪景宽．东北黑土区漫岗台地高标准农田质量建设标准研究［J］．中国人口资源与环境，2015（6）.

［169］戴劲，彭文英，连莉，李征威．基于 DEA 的东北黑土区耕地利用效率研究——以嫩江县为例［J］．干旱区资源与环境，2017（6）.

三、外文类

［1］Mohamed A R，Lee K T．Energy for sustainable development in Malaysia：Energy policy and alternative energy［J］．Energy Policy，2005（4）.

［2］Besley T．Property Rights and Investment Incentives：Theory and Evidence from Ghana［J］．Papers，1993（2）.

［3］Brandit L，Huang J K，Li G，Scott R．Land Rights in Rural China：Facts，Fictions and Issues［J］．The China Journal，2002（47）.

［4］Miller D D．Economics of environmental conservation［J］．Choice Middletown Jun，2006（6）.

［5］North D C．Institutions，Institutional Change and Economic Performance［M］．Cambridge University Press，1990.

［6］ Hardin G. The tragedy of the commons ［J］. Science, 1968 (162).

［7］ Parris K, Legg W. Water and farms: Towards sustainable use Organization for Economic Cooperation and Development ［J］. The OECD Observer, 2006 (3).

［8］ Kloppenburg J. Social theory and the de/reconstruction of agricultural science: local knowledge for an alternative agriculture ［J］. Rural Sociology, 1991 (10).

［9］ Krusekopf C C. Diversity in Land Tenure Arrangements under the Household Responsibility System in China ［J］. China Economic Review, 2002 (2).

［10］ Zhu N. The Impact of Gap on Migration Decisions in China ［J］. China Economic Review, 2002 (5).

［11］ Stark O, Taylor J E. Relative Deprivation and International Migration ［J］. Demography, 1989 (2).

［12］ Nelson P. Migration, Real Income and Information ［J］. Regional Science, 1959 (2).

［13］ Nolan P. Economic Reform, Poverty and Migration in China ［J］. Economic and Political Weekly, 1993 (6).

［14］ Heischmidt R K, Reagan Grings E E. Ecosystems, Sustainability, and Animal Agriculture ［J］. Journal of Animal Science, 1996 (6).

［15］ Abaidoo S, Dichinson H. Alternative and Conventional Agricultural Paradigms: Evidence From Farming in Southwest Saskatchewan ［J］. Rural Sociology, 2010 (5).

［16］ Sanderson F H. Agricultural Protectionism in the industrialized world ［J］. Resources for the Future, 1987 (1).

［17］ Thirsk J. Alternative Agriculture: A history From the Black Death to the Present Day ［J］. 1997 (1).